ワン・スピリット・メディスン

最新科学も実証！
古えの叡智に学ぶ究極の健康法

アルベルト・ヴィロルド 著
エリコ・ロウ 訳

ナチュラルスピリット

ワン・スピリット・メディスン～最新科学も実証！ 古えの叡智に学ぶ究極の健康法～ 目次

第Ⅲ部 忍び寄る死を克服する

エピローグ　ワン・スピリット・メディスンから始まる未来　262

イントロダクション

すべてがうまくいっていた。仕事は絶好調、ベストセラーの著者で著書は12冊。心理学博士かつ医療人類学の研究者であり、講師やヒーラーとしても世界中の人々の信頼を得ていた。私が創設した「ライトボディ・スクール」と「フォー・ウィンズ・ソサエティ」は急成長。エネルギー・ヒーリングのトレーニングの受講生や、アマゾン、アンデスへのツアーの参加者は５０００人を超えていた。

こうした公的な業績にも増して私にとって重要だったのは、個人的にもスピリチュアルな旅で内なる恵みの数々を得てきたことだ。その中でも最高の贈り物は、共に道を歩んでくれる最愛のパートナーを得られたことだ。

これ以上の人生はないと思っていた矢先に、ストップをかけられた。突然、生き残るための闘いが始まったのだ。それまでの30年間で、世界で最も優れたヒーラーたちから学んできたすべてを駆使しての闘いだった。南米やカリブ海、アジアのジャングルや山中に住む先住民が受け継いできた古代の癒しを学んだヒーラーとしての、私の正念場となった。

アマゾンの熱帯雨林がビバリーヒルズのヒルトンホテルとは別世界なのは明らかで、私がこれまでしてきたことを人に話すと、「頭は大丈夫？」とよく言われる。心配されるのも当然だろう。シャーマンへの道は万人向きではない。修行は厳しく激しく、その代償は大きい。

シャーマニズムに関する会議の主賓として講演するためにメキシコにいたときのことだ。私は、突然、何の前触れもなく、30m歩いただけで消耗して倒れてしまうようになってしまった。友人たちにはめまぐるしい旅程で動き続けていたせいだろうと言われたが、私は自分が深刻な事態に陥ったことを察していた。ちょうど旅に出る数日前に、私はマイアミで医師の健康診断を受けていた。頭から足のつま先まで、様々な検査を受けたため、メキシコから医師に電話で検査結果を尋ねたところ、良くない報せが返ってきた。

長年、インドネシアやアフリカ、南米の現地で研究していた間に、たくさんの悪質な微生物に感染していたことが判明したのだ。肝炎を起こすウイルスが5種、有毒なバクテリアをもつ寄生虫が3、4種類、それに加えて様々な線虫もいた。私の心臓と肝臓は崩壊寸前で、脳も寄生虫でいっぱいだった。

医師から「ビロルド博士、これはあなたの脳の話ですよ」と言われ、私は絶望に沈んだ。皮肉にも、『*Power Up Your Brain: The Neuroscience of Enlightenment* あなたの脳をパワーアップ――悟りの神経科学』（Hay House刊／邦訳未刊）という本を出版したばかりだった。医師には、ベストな治療を受け、即座に肝臓移植を申し込むよう勧められた。しかし、健康な脳は、どこで探せるというのか？

妻のマルセラは会議の後、アマゾンのジャングルでのツアーを引率する予定だった。死の世界に行ったことがあるシャーマンとの旅だ。メキシコ・カンクン空港の出発ゲートに立ち、私は自分に残された選択を思いやった。15番ゲートからマイアミ行きの飛行機に乗って帰国して、ベストな病院に入院するべきか。はたまた14番ゲートから出るリマ行きに乗り、マルセラと共に、私のスピリチュアルなルーツであるアマゾンに向かうべきか。検査の結果によれば、私は死ぬ寸前だった。医師は「死んでないのがおかしい」とまで言ったのだ。論理的な選択はマイアミだった。

しかし、選択の最後の瞬間に、これまで口にしてきたことを自ら実践し、自分の未来を賭ける勇気が出た。多くの人に教えてきたように、生きることに賭けたのだ。その夜、日誌に私はこう書いた。

人生最後の日のような気がした。この美しい地球を去ることへの悲しみに打ちひしがれているのに、150人の聴衆の前で講演しなければならなかった。マルセラと一緒にアマゾンへ行かなければならないことはわかっていた。マイアミの病院に入院すれば、自分のメディスンを間違った場所で探すことになる。愛する女性と一緒に、私が自分の道を最初に見つけた園に戻ろう。

アマゾンではシャーマンたちが暖かく迎えてくれた。数十年前からの友人たちだ。そして、私を誰よりも理解してくれている、母なる大地が、母親ならではの慈愛で私を受けとめてくれた。大地にからだを押しつけた私に、大地は「お帰り、私の息子よ」と語りかけてくれた。

その晩に、蔓植物アヤワスカの儀式があった。アヤワスカのラテン名は「バニステリオプシス・カーピ」。

その蔓の煎じ液を、シャーマンがヒーリングやビジョンを得るために使う。からだが衰弱しすぎて私は儀式には参加できなかったので、宿泊していた川辺の小屋にいたが、マルセラが参加してくれた。私たちの絆はお互いに交わす愛の言葉に表れていた。

「時の始まりから永遠に」

シャーマンの口笛が聞こえた。耳にこびりつくような歌が川面を流れ、私を軽い瞑想に誘った。

数時間後、マルセラが戻ってきた。彼女は微笑んでいた。母なる大地「パチャママ」が夜通し彼女に語りかけていたという。

「私はこの大地のすべての育ての親。アルベルトには新しい肝臓をあげよう。その他は自分で癒せることを彼は知っている」

パチャママは私への愛を告げ、私が多くの大地の子供たちを彼女の元に連れてきたことへの感謝の印《しるし》として、私に新しい肝臓を与え、生かしてくれるというのだ。

翌日、私は日誌にこう書いた。

朝のヨガの後、真っ昼間に、光輝く存在が私のもとに現れた。川から歩いて上がってきた。まるで夢のように、その女性のスピリットは私の胸に触れて、私に伝えた。私はパチャママの子供で、今後何年も生き続けると。私が地上ですべき役目は終わっていないから、母なる大地が私を看病してくれると。

アマゾンへの回帰は私自身への回帰のスタートとなった。まず、すべきことは膨大にあった。私は病気で重体だった。他人にこれまで教えてきたように、私自身が癒しの旅路の実践者にならなければならなかった。そして自分に改めて、こう言い聞かせる必要があった。

「アルベルト、何も保証はされていない。回復と癒しは同じではない。回復はせず、死ぬかもしれない。しかし、何が起こっても、癒される。ジャングルを出て過去の生き方に逆戻りすることはできない」

自分の中から生命力が流れ出て行くのを感じた。アマゾンの夜明けの薄明かりの中で鏡に映った自分を見つめても、からだのまわりにある光り輝くエネルギー・フィールドは薄く青白く、以前のような明るい輝きがなかった。顔色も死が迫った患者と同じ灰色だった。

私は予定していた講演や講義、クラスをすべてキャンセルして、予定表を空《から》にした。真っ先にキャンセルしたのはスイスでの講演だった。その会議ではブラジルの著名なヒーラー、ジョン・オブ・ゴッドも講演予定だった。私はジョンに会ったことはなかったが、彼の団体の代表者とは面識があった。数日後、遠隔ヒーリングを提供したいと、ジョンから電話があった。

その後、私は日誌にこう書いた。

ジョンは彼のガイドと一緒に私に働きかけてくれた。ベッドの前方に「グレート・スピリット」の存在を感じた。私の肝臓から絡まったロープが引き出されるのを感じた。太い繊維のようなものが引っ張り出された。私の心臓に働きかけていたスピリットもいて、その間には他のスピリットが私の脳にスピリチュアルな次元で外科手術を行っていた。私にとってとても強烈だったため、それから丸一日、ベッドから起き上がれなかった。

マルセラと私はアマゾンからチリに飛行機で向かった。チリには私たちが集中講座を開くエネルギー・メディスンのセンターがある。アンデスの修道院を改造したトレーニングセンターで、アメリカ大陸最高峰のアコンカグア山の麓《ふもと》にある。その山が気に入ってそこを拠点としたのだ。

古代インカ語で「アコンカグア」は、「神に出会うところ」を意味する。私がまさに求めていたものだ。長い間、延期を繰り返してきた神との会合をなすべき時がきた。今求めるものは、ただひとつ。癒しだ。私はそれを全身全霊で求めなければならない。

私のからだは、医療人類学者として私が探索したジャングルや山々を示すロードマップのようになっていた。行く先々で致死の害虫に寄生されていたのだ。ジャングルは生物学の生きた実験室で、そこに長くいれば、人もその実験の一部となる。私を侵食している感染病で亡くなった人類学者が少なくないことを私は知っていた。

実際のところ、アマゾンの原生林には病気はほぼ皆無なのだが、そこに辿り着くまでに、西欧諸国の進出で汚れた地域を通過しなければならない。現地の先住民たちは、自分の住処や飲み水を汚すほど愚かではないが、白人はゴミや汚水に囲まれていても平気なのだ。

シャーマンから受けたスピリチュアル・メディスンは強力だったが、私はそれに西欧式の医療も追加しなければならなかった。医師に処方された駆虫薬は私が飼い犬に与えるものと同種で、その他の寄生虫の駆除に抗生物質も飲まなければならなかった。

問題は線虫自体に寄生虫がついていたことで、線虫を殺したために、極めて有毒な寄生虫が私の脳内で解放されてしまっていた。深刻な事態だった。死にかけた寄生虫や寄生虫の死骸、さらに薬品により作り出されたフリーラジカルや刺激物で、私の脳は火がついたような炎症を起こした。完全に正気を失う前に、脳をデトックスしなければならなくなった。

霧がかかったように頭がぼんやりし、脳が混乱していることは、マルセラとしたゲームで明らかになった。アルファベットのコマで言葉を綴るスクラブルというゲームが、私の精神衛生状態のバロメーターになった。言葉が浮かんでこないのだ。

次に、自分自身の感覚が危うくなりだした。私はパニックを起こした。自分が誰だか忘れてしまったらどうしよう？　自意識まで消えてしまうのだろうか？　自分の狂気が水平線の先に浮かんでいた。それが見え、感じ、その息遣いまで感じた。からだの隅々にまで、むきだしの恐怖が拡がった。

皮肉にも、私を救ってくれたのは、自我が消えるのではないかという恐れだった。

その後3か月間、自分が実体験している狂気の沙汰を、私はただただ観察し続けた。シャーマンや仏教徒には、内なる自分に問いかけるというパワフルな修行がある。それは、「私は誰なのか？」という問いから始まる。しばらく考えた後、「その問いかけを私にしているのは誰なのか？」という問いに至る。そのようにして、私も「狂気の沙汰になっているのは誰なのか？」と自分に問い始めた。

隠れる場所はどこにもなかった。自分にもその狂気は見えたし、他の人にも見えた。しかし、すべてに二面性があるように、その痛みにも別の側面があった。精神的に底知れぬ深みに沈み込むほど、私の魂は高く飛翔していたのだ。時の始まりから私が誰だったのか、また自分が死んだら誰になるのかも私は理解し始めていた。強烈な恐れと同時に、神聖な愛も感じていた。そのどちらの世界にも棲んでいたが、どちらにも属していなかった。

私は日誌に次のように書いた。

仏陀は死や病や老いを目撃した後に、生まれ育った宮殿を出た。私はこの三苦が繰り返される世界に生きながら、自分が築き上げた無知と傲慢の宮殿を出ようとはしなかった。私は痛みとエクスタシーに完全に屈した。

私が到達した暗闇をうまく表現する言葉は見つけられなかったが、16世紀の神秘家、十字架のヨハネならそれを理解できただろう。牢獄の中で彼はこう書いている。

幸運の闇の中で……暗闇は深く広く……目印は何もなく……光も道標も皆無だった……。
私の心のみが頼りだった。私の心が炎、内なる炎だった。（文献1）

私はこんな夢をみた。

私はコテージにいた。そこは回廊のようになっていた。スピリチュアルなセラピーを受けるために待っていた。水による癒しはすでに受けたが、私が待っていたのは、火による入門の儀式で、それはまだだった。

私は死んでいたはずの患者だった。生きたかったら、死を真正面から見つめなければならなかった。シャーマンとしての人生の旅路で学んだすべてを総動員しなければならなかった。脳、心臓、肝臓の幹細胞の生成を開始させ新たな肉体を育てるために、これまで学んだすべての癒しのセラピー、テクニックを駆使しなければならなかったのだ。

私は友人で著名な神経学者であるデヴィッド・パールマターに電話した。彼は『*Power Up Your Brain*』の共著者だ。

彼と一緒に、まず脳を修復してくれる神経幹細胞の生成を刺激するために、強力な抗酸化剤を使う戦略を立てた。その後数か月にわたって、私の光のエネルギー・フィールドから病気の足跡を消すために無数のイルミネーションの儀式が行われた。肝臓の解毒のために抗酸化剤のグルタチオンの点滴もした。「ソウル・リトリーバル」（注　失われた魂のかけらを取り戻すためにシャーマンが行う儀式）もした。体外離脱で魂が仏陀の描くバルドーや天国などに行ったときや、トラウマにより、失ってきた私の魂の一部を取り戻すためだった。

エネルギーは動き、流れ、障害物に出会い、また流れ始めた。私は生き残るための闘いの荒波に飲み込まれていた。私の時の流れは、流れにくい川のようだった。私は永遠とはなじみ深かったので、時の外側に出た。

あるソウル・リトリーバルについて、私は日誌に書いた。

そっとドラムを叩いて、自分のソウル・リトリーバルをするために下界へのジャーニーを試みた。あまり良いアイデアではないことはわかっていた。自分を癒そうとするシャーマンは、患者としては愚か者だ。しかし、私にはインカ・フアスカーという守護霊がいて、彼が傷口からその奥深くに導いてくれる。そこは血の海で、子供の頃に体験した血なまぐさいキューバ革命の記憶が戻る。

そこには小さな男の子がいて、自分は絶対に死なないと神様と約束したから、今いる地獄から出られないのだと私に語った。私はその魂の契約書を破り捨て、新しい契約書を書いた。

「私は生き、死に、そして生まれ変わる」

その子は喜び、私と一体となった。私たちは次に10歳の少年に出会った。頑なで真面目な少年は、弟の面倒を見るためにここに残らなければならないと言う。弟は2歳のときに輸血で生命を救われたが、注射針が汚染されていたためにC型肝炎に感染してしまっていた。その10歳の少年に、弟は私と一緒だと告げると、少年はにっこりした。

その夜、私はもうひとつ夢を見た。

私は友人たちと一緒に、花で飾られたお墓を見ていた。私がそこに葬られていた。友人たちは、私さえよければ、そこに留まれるのだと言う。しかし私は、大地のかけらなど必要ないと答えた。大地から浮上する自分の魂が見えた。

夢が私の慰めとなった。しかし、こうした多くのスピリチュアルなギフトを得ても、肉体的には惨めだった。残りの生命力を使い果たすのではないかと私は恐れた。意識的に死ぬためには、最期の瞬間に生命力が必要なのだ。

ヒンズー教の聖典『バガヴァッド・ギーター』には、こう述べられている。

どんな状態にあっても……人生の最後に注意しなければならないことがある。……それは逝く瞬間の意識の状態だ。（文献2）

私は自分に問い続けた。私は何に注目しているのか？　私は自分の意識が絶望の縁で震えているのを感じた。

日誌にはこう書いていた。

自分の存在が終わりになり、消滅に瀕したと思った時に最も苦しみを感じた。私は霊的な世界を見つけ、生命が継続することも発見し、それを受け入れた。今日、私は自分にこう語りかけた。

「故郷に帰るだけのことなのだ。それは困難なことかもしれない。生まれるのも簡単ではなかったように。しかし、故郷に帰るだけなのだ」

幸いにも知った道だ。何度も見せられてきたのだから。シャーマンの儀式で、私は何十回も死に、自分の肉体が朽ちるのを見て、星の世界にも行った。天国にも地獄にもなじみがあった。しかし、2歳の時に精霊たちに言われたように、今回も、私の時はまだ来ていないと精霊たちに言われた。

しかし、今回の場合は、自分で選択できるのだと私にはわかっていた。霊的な世界に留まることもできる。しかし精霊たちは、私はまだやるべきことを終えていないと言っている。普通の生活に戻らなければならないのだと。

自分の意識に導かれて、私のからだは奈落の果てに落ちた。私は完全に運を天に任せた。その瞬間に、何か大きな出来事が起きようとしていることを感じた。しかし、その前に死者の世界を訪ねなければならなかった。私はこんな夢を見た。

マルセラと私はフェリーの船着場にいた。多くの人が乗船しようとしていた。私たちはプライベートな船を持っていた。父の船だった。その船出を周囲の人が手伝ってくれた。父に習ったから、操縦の仕方は知っていた。父といっても肉親ではなく、天の父のことだ。

私は他の人たちが乗ったフェリーとは別に、自分の船で大海を渡り、先祖たちの世界に向かおうとしていた。死の世界に行こうとしていたのだが、道連れは死者ではなく、シャーマンである私の妻だった。

そうだったのだ。新たな私の人生の使命は、シャーマンになることだった。ちょっと待てよ、私はずっと以前に、「シャーマンになれ」という天命に応えていたのではなかったのか?『*Shaman,Healer,Sage* シャーマン、ヒーラー、賢人』(Harmony刊/邦訳未刊)という本まで書いていた。しかし、料理本を書けばシェフになれるわけではなく、精神世界の本の蔵書がたくさんあっても高い精神性が実現できるわけではないのと同じで、本を書いたからシャーマンになれるわけではない。

私は長年、スピリチュアルなガイドを務めてきたが、その達人ではなかった。荒野のナビゲーターのようなもので、森の中で迷わずにはいられるが、その目的地についてはほとんど知識がなかった。

日誌に私はこう書いた。

長年の間、私はモーゼのようなものだった。約束の地へ向かう人々を助けてきたが、自分自身がそこに入ることは許されていなかった。今は違う。私はすでに約束の地にいるのだ。入ることを許されたのだ。そして、その扉は常に開かれていたことに気づいた。私自身のプライドや怒り、恐れが私を締め出していたのだ。

今、「グレート・スピリット」はこの世界の中にあるもうひとつの人生を私に提供してくれている。自尊心や名声のさりげない誘惑に負けることなく、自分の運命にどっぷり浸るようにという天命が下ったのだ。私の人生の外見は変わらないかもしれないが、私の態度は変わらなくてはならない。「グレート・スピリット」との新たな契約が求められているのだ。私は解放感に包まれた。自由になれたのだ。

その夜に夢を見た。

私は呼吸器の中にいて、友人たちに別れを告げられている。動くこともしゃべることもできなかったが、私は至福を感じている。生命維持装置がはずされた。私は自分自身で息をして、生き返らなければならなかった。死なずとも永遠を見つけられることに私は気づいた。自分の口からチューブをはずし、私は息をした。私は生きている。奇跡とは癒しが起きる時空を調整することなのだ。

その後に、別の夢を見た。

私はグループ・ツアーのリーダーで観光バスに乗っていた。修道院に着くと、そこには空いている部屋がたくさんあった。キャンドルが置かれた祭壇のある部屋があった。私はキャンドルに火を灯し、小銭を置き、岩を削って造られた螺旋階段を降りていった。下に向かうにつれ、階段の幅が狭くなっていった。地階に着き、自分だけは出口をくぐり抜けたが、隙間が狭すぎ、グループの皆にはくぐり抜けられないと気づいた。その意味は明らかだった。他の道、つまりあまり使われていない道を探さなければならない。ひとりで行く必要があるのだ。

再び、私は選択の場にいた。地上に残らず、生まれ故郷に戻ることもできた。前回、この選択を与えられた時には、私は幼い子供だった。恐れと痛みにおののいていたが、今は、偉大なる旅路への恐れはなかった。

そして、私は文字どおりに死ぬ必要もないことに気づいた。象徴的に死ねばよいのだ。他の人々の癒しを手助けできるよう、この世に残り、自分を癒すこともできるのだ。

そう選択した後、日常的な感覚が戻りはじめた。自分の精神が再びからだに根を張りだすのを感じた。感激や感動が戻り、頭の霧は晴れ、すべての生き物と地球の守り手となることが自分の道であることが見えてきた。

健康が回復するまでに1年近くかかった。『*The Blood Sugar Solution 10-Day Detox Diet* 血糖対策とデトックスの10日間ダイエット』（Little,Brown and Company刊／邦訳未刊）の著者である友人のマーク・ハイマンが、私の癒しに向けた栄養計画を立ててくれた。からだの自己治癒力を高め、肝臓と脳をデトックスするためのスーパーフードやサプリメント、朝のグリーンジュースなどだ。私は食生活をまったく変えた。

今日、私の健康は完全に回復している。より正確に言えば、回復を超えた状態だ。新しい人間になったのだ。私の意識は若い頃の高機能を取り戻している。脳は修復され、心臓も同様だ。肝臓も新しくなった。臓器移植ではなく、自分の肝臓が完全に再生できたのだ。

私は著書『*Power Up Your Brain*』の中で、神経の蘇生力について、脳を修復する神経幹細胞の生成を刺激する方法について書いていた。自分の健康が危機に陥ったことで、自分が実験台となり、その過程で幹細胞をつくれるのは脳だけではないことを発見した。からだ中のどの臓器にも、この修復と癒しのシステムのスイッチがあり、スイッチの入れ方を学ぶことで、より健康で抵抗力のあるからだもつくれる。

同時に、私はシャーマンたちから学んだエネルギー・メディスンも活用した。光り輝くエネルギー・フィールドから病の足跡を消し、自分のからだを絶好調な健康に導いたのだ。

これまで、私は自分の癒しの旅路について語ることには消極的だった。「奇跡」の健康回復には、人は概して懐疑的だからだ。

誰かに「どうやって死の淵から生還したのですか？」と聞かれたときは、いつもは「天の恵みでしょう」と答えていた。それは真実だったが、それだけではないことを私は知っていた。もし天の恵みが回復の唯一の要因だとしたら、恵みを願う人々は皆、健康でいられるだろう。

私を死の淵から生還させたのは、「ワン・スピリット・メディスン」だった。癒しに奇跡はいらない。

ワン・スピリット・メディスンの土台は、５万年前の石器時代の人類の祖先も実践していた古代のシャーマニック・ヒーリングだが、その効果は現代の最新神経科学でも明らかにされている。

私は何年も前に、アマゾンとアンデスへのフィールド・トリップで、このメディスンと初めて出会った。彼らの伝統的な健康法は、脳とからだについての現代科学に照らし合わせても理に適っている。

10年ほど前から、私はマーク・ハイマンとデヴィッド・ペルマッターというふたりの医師と共に、ワン・スピリット・メディスンを受け入れるためのプログラムを、デトックスとヒーリングの1週間のリトリートに参加した人々に提供してきた。帰るまでに参加者は脳もからだも回復させていた。本書でも、このテクニックを紹介し、新たなからだをつくるチャンスを読者に提供したい。

健康面での私の危機は、極端なものだった。しかし実際のところ、私たちは皆、現代生活の有害なパワーに晒されてバランスを失い、健康を害し、生と死の闘いにあるともいえる。現代人の多くは肉体的にも感情的にもストレス過剰で、抗不安症剤や抗鬱剤、リラクゼーションの方法が山のようにありながらも、なぜ問題解決に至らないのかといぶかしがっている。

その一方では、肥満、糖尿病、多動性障害、自閉症、アルツハイマー病は恐ろしい勢いで急増している。アメリカ人の70％近くが太りすぎで、子供の3人に1人は15歳までに2型糖尿病になっている。

その他の点では、健康な85歳の高齢者も、その半数はアルツハイマー病のリスクを抱えている（文献3）。アルツハイマー病はグルテンに富む小麦を主食とする食生活と脳のストレスとも関連づけられ、3型糖尿病とも呼ばれるようになった。（文献4）

こうしたものは、現代人の生活の質《クオリティ・オブ・ライフ》を低下させ、若年死を招いている病気のほんの一部だ。

石器時代の我々の祖先や、アマゾンやアンデスで私が生活を共にした先住民の人生は、私たちが想像するように短命でも、痛ましい生涯でもなかった。一生を通じて私たちより健康で、戦争や暴力も少なかった。私たちを含む後世の人間と比べて、ストレスも少なかったのだ。彼らの精神的・肉体的健康の秘訣は、草食中心の食生活とワン・スピリット・メディスンだ。

ワン・スピリット・メディスンを実践すれば、現代文明を侵す病気の予防になる。古代のシャーマンは予防医学の達人だった。重病にならなくても、肉体・感情・精神の苦悩の根源を探り、人生にバランスを取り戻すことはできるのだ。

この本で提供する原則と健康法を実践すれば、数日間で気分は良くなり、1週間以内に心も頭もクリアになってくる。そして、たった6週間で、素早く自己治癒でき優雅に年を重ねられる、新たなからだへの基礎ができる。脳も一新され、スピリットとの深淵なつながりを持ち、人生の目的への新たな意識に目覚められる。そうしたすべてを、ワン・スピリット・メディスンがあなたに与えてくれる。私に与えてくれたように。

*本書の使い方

この本ではワン・スピリット・メディスンの癒しを受け入れる準備を、順を追って紹介している。最も効果的なのは始めから順に読んで、出てくる健康法やエクササイズを実践することだ。

【パート1：自分の内なるヒーラーの発見】

古代の癒しのシステムであるワン・スピリット・メディスンの概要と、それが現代人の肉体的・精神的な課題にどう応えられるかを述べている。ワン・スピリット・メディスンと西欧医学の違い、さらにどうしたらそのヒーリング・パワーを得られるかがわかるはずだ。

目で見える五感の世界に教えを授けてくれる、目には見えないが眩しい生命の輝きで満ちた世界と、調和を司る聖霊の役割について読者は学ぶ。農耕が始まった頃から人類を支配してきた独裁的な考え方と、それが私たちを自己との闘い、人類同士の闘い、この地球との闘いに走らせ、健康と円満な暮らしを阻害してきたことについて学ぶ。

【パート2：古いやり方を捨てる】

私たちが生きている、この環境における内因性の有害物を特定し、ヒーリングにはからだと脳のデトックスが必要であることを説明している。

人の消化器には最も大事な「第二の脳」があること、さらに腸から有害物をデトックスし、善良なバクテリアで体内の微生物環境を改善する方法を読者は学ぶ。

脳と腸の修復を助けるスーパーフードとサプリメントも紹介する。穀物と砂糖の悪影響を避け、断食（注 絶食。原語 fasting。日本語では医師からの指示や刑として命ぜられた場合は「絶食」、何かの目的のために自ら行う場合は「断食」と使い分けもされているようだが、現在はほぼ同様の意味合いであり、英語では一語のみなので本書では「断食」に統一して表記する）すれば、脳は健康な脂肪とタンパク質に自動的にエネルギーを補給し、自己治癒力のある神経幹細胞を生成できることがわかるはずだ。

【パート3：忍び寄る死の克服】

怒りと恐れに関連した非生産的な精神的・感情的なパターンと、ストレス管理の助けになり、より優れた脳の働きをもたらす栄養素を紹介している。

読者は細胞のパワーの中心であるミトコンドリアについても知る。母からのみ受け継ぐミトコンドリアは、女性的な生命力の象徴だ。細胞に備わった死への時計をリセットし、ミトコンドリアが制御する長寿タンパク質のスイッチを入れる方法を学ぶ。またフリーラジカルと炎症がからだに及ぼす影響と、その打撃から回復する方法を学ぶ。

そして、光り輝くエネルギー・フィールドから病の足跡を消し、からだと脳の修復に向け、アップグレードする。

【パート4：静止して、生まれ変わる】

ワン・スピリット・メディスンの癒しを体験できるよう、古びた不健康な考え方を手放す過程を完了する手助けを提供している。自分の過去についての思い込みを捨て、新たに自由な個人のストーリーや伝説に変える方法だ。

読者は「メディスン・ホイール」の叡智に満ちた教えを通じて、恐れや喪失を克服し、自分を変え、自分の人生の旅路の新たな目的を発見する。静止と気づきをもたらす習慣について学び、ワン・スピリット・メディスンの旅路の最後のステップである、「ビジョン・クエスト」を実践する。

この本の終わりでは、ワン・スピリット・メディスンを受け入れると、何が起こるのか、どうしたら自分が得た癒しの効果を持続させ、さらにすべての生き物とこの地球の健康を促進させていけるかも探索している。

第Ⅰ部

内なるヒーラーの発見

1章 シャーマンのメディスン

気分が良くなるまで、あともう数日。

現代社会に住む私たちの思考、感情、人間関係、肉体は絶好調とは言いがたい。それに気づいてはいるのだが、医師の診断結果に恐怖を感じたり、人間関係が破綻したり、愛する人に死なれたりといった大異変が起こるか、調和のとれた普通の日常生活が送れなくなるまで、自分に起きている不調は無視しがちだ。ちょっとした問題なら、自己啓発の本を読んでみたり、ワークショップに参加してみるかもしれない。事態が深刻になれば、専門家に治してもらおうとする。ガンならガン科、脳なら脳神経科、心の平和を取り戻したり家族間の問題を解決したければ心理学者を訪ねる。しかし、健康を取り戻すためにそうした部分的なアプローチをしていても、応急措置にしかならない。

本当に癒されるには、数千年前の伝統療法士であるシャーマンたちが発見したウエルネス（注　健康な心身を維持・増進させるための生活行動を提唱する概念のこと）への根源的な処方に戻る必要がある。それが「ワン・スピリット・メディスン」だ。

西欧医学は疾病を治療するシステムで、数千の病気や無数の療法が認知されている。

一方ワン・スピリット・メディスンは、病気はひとつで、その療法もひとつだけしかないと考える、ヘルスケアのシステムだ。その病気とは、自分自身の感情、からだ、地球、そして「グレート・スピリット」からの隔絶だ。それに対する療法は、すべての存在と一体となる体験。その体験が内なる調和を取り戻し、どんな原因があろうと、あらゆる問題からの回復を助けてくれる。

誰もが、生涯を通じて健康的で絶好調でありたいと願う。ワン・スピリット・メディスンは、単なる症状への対処ではなく、肉体・精神・感情の問題の根本にある原因に対処することで、最高のウエルネスを実現する。

ヘルス（健康）とヒーリング（癒し）という言葉の語源は、英語の古語のhaelenで、whole（すべて）とholy（神聖な）の語源でもある。人として全体のバランスをとることができると、食物中毒を起こすことはなくなり、からだは自然に治り、癒されていく。人間関係も感情を闘わせる場ではなくなり、自然や「グレート・スピリット」との隔絶感もなくなる。

ワン・スピリット・メディスンの中心となるのは、古代から行われてきた「ビジョン・クエスト」だ。周到な準備で行う、自然や見えない世界との出会いの儀式だが、このビジョン・クエストで断食して瞑想することで、人に備わった自己治癒力と再生機能が目覚める。そして「グレート・スピリット」とつながり、意識の奥深くに秘めてきた自分の存在目的に気づくことができる。

私がシャーマンになる修行をした伝統社会では、野生の自然の中で行うビジョン・クエストが慣習になっていた。しかし、ワン・スピリット・メディスンは自宅の庭や都市の公園など、どこでも体験できる。ごく稀《まれ》に、意図しなくても、突然衝撃的に「グレート・スピリット」と出会える人もいる。しかし多くの人にとっては、ワン・スピリット・メディスンを受け入れるためには長い時間をかけて準備することが必要だ。そうでないと、せっかくの体験も一瞬の悟りとして消えてしまい、食事の席での会話のネタにはなるが、人生を変革させるような力にはならない。変革の素地づくりには、肉体と精神の準備が欠かせないのだ。

ワン・スピリット・メディスンを受け入れるための、脳の準備

ワン・スピリット・メディスンの恩恵を受けるには、脳の調子を整えなければならない。現代社会はカフェインの摂り過ぎで、ただちに結論を求めようとする万事が高速の暮らしのため、私たちは常にストレス下にある。戦うか逃げるかの選択を促すストレス・ホルモンを減らし、健康と静謐《せいひつ》、喜びをもたらす脳化学物質を増やさなければならない。

そのためにまず必要なのは、デトックスだ。脳に溜まった有害物を排除し、ストレス・ホルモンであるアドレナリンとコルティゾルの分泌を抑制しなければならない。

その次に、スーパーフードの摂取で脳の学習領域を修復し、「精神の分子」とも呼ばれる向精神物質ＤＭＴ（ジメチルトリプタミン）を分泌してくれる松果体を支援する。瞑想者がよく言う「すべてとの一体感」を体験できるのも、実はＤＭＴのおかげなのだ。

ワン・スピリット・メディスンを受け入れるための肉体の準備としては、植物栄養素を中心とした食生活への移行が必要だ。石器時代から癒しに使われてきた植物栄養素は、脳を修復し絶好調にするだけでなく、健康状態も極めて良くしてくれる。植物には、健康増進に関連する５００の遺伝子のスイッチを入れ、疾病を招く２００の遺伝子のスイッチを切ってくれる遺伝子調整剤がふんだんに含まれているのだ。植物栄養素が神経の化学的バランスを調整してくれれば、私たちは意識を善良に保ち、自分や愛する人を大切にできるようになる。

こうして毒素を栄養素と交換し、死を招く危険を生命力に変えることが、健康を回復し心身を絶好調にするための必須条件となる。脳が水銀の毒や鉛中毒で侵されていては、感情を癒すことはできない。子供時代のトラウマや食物からの農薬汚染で脳に損傷があれば、心の歪みを止めることはできなくなる。だから、環境からの有害物を排除することは心身の健康回復にとって必須だ。

ワン・スピリット・メディスンを受け入れるためのからだの準備として、もうひとつ大事なことは、体内の微生物環境を整えることだ。人の口内や肌、腸には６００種類を超える善玉菌がいる。ワン・スピリット・メディスンは長寿遺伝子のスイッチを入れ、脳の化学物質生成を修復し、「グレート・スピリット」や自然に私たちを近づけてくれる至福分子を、脳内で生み出せるようにしてくれる。

ワン・スピリット・メディスンを受け入れるための、心の準備

シャーマンのようにラトル（注 シェイカーのように振って音を出す儀式用の打楽器）を振ったり太鼓を叩かなくても、ワン・スピリット・メディスンは体験できる。しかし、俳優が役になりきるために化粧し衣装を身につけるように、そうした道具があれば、心の準備はしやすくなるかもしれない。

絶対条件は、煩雑《はんざつ》な文明社会で気が散りがちな心を鎮め、自然に帰ることだ。自然に帰るといっても、ヨセミテ国立公園やカナダのロッキー山脈に行けという意味ではなく、自分自身の野性的な本性、つまり飼い慣らされる前の自分に帰るということだ。与えられた役割や他人からの期待を忘れ、メールやすべきことのリストをすべて捨てて、自分の真髄にある本性に戻るのだ。そうすれば、内なる世界の静謐の中で、自分の無限性に出会える。

スーパーフードと神経栄養素は脳に変化をもたらし、より意識の高い超越体験への準備を整えてくれる。その間に、精神的にも、自分を縛る信条や有害な態度を手放す準備ができる。不必要な過去の出来事の呪縛から自分を解き放てば、点滴で栄養を得るように、ワン・スピリット・メディスンがあなたの存在に滋養を与えてくれる。

私のワークショップや、アマゾンまたはアンデスへのツアーに参加してくれた人にとっては、この本の内容はなじみ深いものだろう。だから、特別な準備をしなくてもワン・スピリット・メディスンを受け入れられると考えるかもしれない。しかし、あなたに必要な肉体的・精神的準備が、本当に済んだといえるだろう

か？　ビジョン・クエストは何回も行ったことがあったとしても、毎回まったく新たな体験となり、「グレート・スピリット」とより深いレベルで出会えるチャンスになる。経験を積んだシャーマンですら、見えない世界で超常的なエネルギーと出会う際には、常に用意周到な準備を怠らない。そして、その助けを得て、健康とウエルネスを維持しているのだ。

ワン・スピリット・メディスンの恩恵

ワン・スピリット・メディスンを受け入れたあとは、普段五感で暮らしている物質世界と、肉眼では見えない霊的な世界との間を上手に行き来できるようになる。熱帯雨林を優雅に駆け抜けるだけでなく、死を超えた永遠の世界への案内役として、見える世界と見えない世界の橋渡しをするジャガーのようになれるのだ。生活習慣病に苦しむ人も、日常生活の重圧で心も頭もからだも疲れ切った人も、ワン・スピリット・メディスンの助けを得られれば、気分は良くなり、人生の目的意識も一新できる。脳の中の錬金術工場を修理する気になれば、症状として現れる前に問題を解決し、健康を取り戻し、自分の存在のすべてのレベルでウエルネスを実感できるようになる。

ワン・スピリット・メディスンの核となるのは、人にとっての外界とは、その人の信条や考え方、感じ方、振る舞いなど、個人の内なる地図の反映だという認識だ。脳の神経回路に保存されたそうした地図が、人生体験や健康状態を導く無意識のプログラムとなっているのだ。

「85歳の高齢者の半分はアルツハイマー病なのだから、それは普通の老化の過程だ」、または「ガンや心臓病の蔓延は仕方ない」などとみなすような地図は、塗り替える必要がある。人を有害なライフスタイルや人間関係に駆り立ててきたそうした無意識の地図や、人を縛りつけてきた信条をアップグレードすることが、究極の健康への鍵となる。

何年も前に、アマゾンの熱帯雨林に暮らす老人に、年寄りの病気を避けるためにどうしてきたのか聞いたことがある。「簡単さ」と彼は答えた。

「健康で長生きすれば良い」

私は彼が質問を理解しなかったのだと思い、笑った。

「年をとって病気になるのを避けるためにどうしてきたのか、聞きたいのです」と私が問うと、老人は微笑みを浮かべ、同じ答えを繰り返した。

今の私には、老人の答えの意味がわかる。古代のシャーマンの毎日の暮らしぶりのすべてが、健康な長寿を支えていたのだ。

この本で説明するスーパー栄養素は、細胞の一つひとつに秘められた抗酸化のメカニズムのスイッチを入れる。そして、脳内でのフリーラジカルの活動を阻止し、高齢化に伴う病気の予防となる潜在長寿遺伝子のスイッチを入れる。

本書で紹介する「メディスン・ホイール」のスピリチュアルな教えは、昔のトラウマや祖先の健康史を蘇らせ、私たちから力を奪い衰弱させる記憶を捨てる助けとなってくれる。そして最後に紹介する「ビジョン・クエスト」は、心身を癒し、情熱を復活させるのに役に立つ、個人の新たな神話への道を拓いてくれる。

ワン・スピリット・メディスンは薬を使ってからだの病気や不安定な精神状態に対処しようとする現代医療とは異なる、新しいウエルネスのモデルだ。多くの処方薬や市販薬とは異なり、シャーマンのメディスンには副作用はなく、小さな文字で書かれた警告の但し書きもない。依存症にもならない。医師を拝み倒して処方箋を書いてもらう必要もなく、処方薬の再購入を認めろ、認めないで薬剤師と口論する必要もない。

特に西欧では、人は癒しや成長や学びのために、医師や識者を頼ることに慣れてしまっている。学校、企業、宗教、政府はいずれも、地位に上下がある縦社会だ。

しかしアマゾンには、私たちと「グレート・スピリット」の間を隔てる管理職はいない。叡智をもつ長老のシャーマンは、男女共にヒーラーとして尊敬されてきたが、その村の他の住民より優れた存在としては扱われていない。シャーマンは単に、見えない世界と見える世界の両方に接し、人の心とからだと魂のバランスを回復させるための技術をもつ導き役《ファシリテーター》なのだ。「グレート・スピリット」を見つけるためにシャーマンを探す必要はないし、健康を見つけるために自分の外側を見る必要はないというのが、ワン・スピリット・メディスンのメッセージだ。自分の内側を見ればよいだけなのだ。

ワン・スピリット・メディスンは、自分の内なる世界で受け入れることができるメディスンなのだ。

やはり、アマゾンの老人の答えは正しかった。

2章 「グレート・スピリット」と目に見えない世界

海辺にいる私たちには認識できないものの、人の意識は普遍で、海のように広がっている。生き物すべてが共有し体験している世界だが、その世界を見ることができる人は少ない。この異界の達人はシャーマンだ。シャーマンは片足を物質の世界に、もう片足を「グレート・スピリット」の世界に置いている。

何十年も前のことだが、私はスイスの大手製薬会社に雇われ、アマゾンの熱帯雨林で調査をしていた。ガンの治療薬になる木の幹や根を探すためだった。ジャングルは自然の薬局で、まだ解明されていない薬効を秘めたエキゾチックな植物の宝庫なのだ。

私は何か月もかけて、白人が訪れたことのない村々をカヌーで訪ねたのだが、どこに行っても、ガンやアルツハイマー病、心臓病は高齢者にも皆無だった。そうした地域の先住民は、西欧人が知らない健康の秘訣を知っているのは明らかだった。その秘訣とは何だろうか?

私は空《から》のバックパックで家に帰った。関係者みんなを大金持ちにし、かつ多くの生命を救える超ヒット薬の原材料が見つけられなかったことに、調査のスポンサーは苛立った。しかし、そんなものよりもっと価値あるものをジャングルに見いだした私は、再びジャングルに向かった。

私が注目したのは、私の面倒を見てくれたアマゾンのヒーラーたちの洞察力だった。バックパックには入らない健康への魔法の要素が、熱帯雨林で見つけられることを私は学んだのだ。それが「ワン・スピリット・メディスン」だ。

それは、私たちが「グレート・スピリット」と呼ぶ、見えない宇宙のマトリックスの中でのみ見いだせるものだった。先住民のヒーラーたちから何年も学んだ後、ようやく私はその仕組みを理解しはじめた。

意識と情報が錯綜する見えないマトリックスである「グレート・スピリット」を一度体験したら、五感と物質でできた見える世界のみが現実ではないことが認識できる。実際、それは現実の中心ですらないのだ。見える世界と見えない世界は、数学に近い精密度で見事に交錯している。それに対して目が開けたら、シャーマンのようにふたつの世界の間でダンスできるのだ。

古代人はこのふたつの世界を熟知していた。ヒンズー教の教典では、見えない世界は「アカシャ」、または宇宙を構成する基盤であり叡智のフィールドである膨大なスペースと呼ばれる。

西欧の科学では、宇宙はエネルギーと物質でできているとされるが、先住民にとっては、宇宙は生きた知的フィールドで、それを「グレート・スピリット」と認識している。

スピリットという言葉自体は、ラテン語で「息」を意味する「スピリタス」が語源だ。

どこまでも広がり偏在する「グレート・スピリット」

「グレート・スピリット」は、私たちが理想の世界として夢見る、膨大な、見えない領域だ。それは、ギリシャやローマの神話が描く、人間のような気まぐれさや機嫌、または癇癪《かんしゃく》をもつ神ではない。「グレート・スピリット」は長男を生贄《いけにえ》にするよう命じたりはしないし、異教徒を殺害したり、市民が生きるべき道を忘れたからといって都市を破壊したりはしない。

「グレート・スピリット」は、宇宙の生命が独自に進化し再生し続けるための、創造のマトリックスだ。そしてそれは、あなたの人生にいつも存在している。あなたは「グレート・スピリット」の無限の気づきの体現で、それが血となり肉となったものなのだ。人はすべての存在を内包している。人と「グレート・スピリット」は離れることができず、すべての創造はあなたの内側で起こっていることでもあるのだ。

しかし、一人ひとりの気づきはすべてを含む意識の海の単なるしずくにすぎない。頭では自分が宇宙の中心だと考えるかもしれないが、あなたのスピリットは自己には執着しない自由な存在だ。

この世界では個人の独自性を重要視する。しかしすべてが一体となった、目には見えない世界を体験できるように自分の意識を拡張できたときには、個人の独自性は消えてしまう。その後に目に見える通常の世界に戻れば、日常的な問題はさほど重要ではないと思えるようになる。

「グレート・スピリット」とつながりがもてれば、私たちの誰もが神聖な存在と直接やり取りができ、その霊力を直接経験できる。助けを求めれば「グレート・スピリット」が本当に必要な解決策を提供してくれる。

しかし、あとになってからそれを理解できることも多い。「グレート・スピリット」との関係は相互関係だから、「グレート・スピリット」に呼ばれたら喜んで応えなければならない。どうしてなのか理解できなくても、やりたいとは思わなくてもだ。

何年も前、私は「グレート・スピリット」に、「子供がもう少し大きくなったら天命に応えます」と言ったことがある。「世界のためになるように」という天命を避けるために、子供を口実にしたのだ。しかし、「もう少しお金ができるまで」「時間にゆとりができたら」「睡眠時間が足りるようになったら」などと「グレート・スピリット」の天命に応えることを先延ばしにしていたら、「グレート・スピリット」との契約は結べず、多分あなたの望みや期待も叶えられないだろう。

調和させる力

私たちの多くは、良くないことが起こるのは、自分が罪を犯したからだ、超自然の神様が創った掟を破り神様を怒らせたからだ、と教えられてきた。しかし、アマゾンのシャーマンによれば、「グレート・スピリット」は復讐心をもったり、私たちが間違いを犯したら罰したり、私たちの忠誠を試したりするような気まぐれな神様ではない。実際、「グレート・スピリット」は神様などではないのだ。

「グレート・スピリット」は、生命そのものを調和させる力だ。懲罰ではなく、調和をもたらすものなのだ。不幸や病気は単に自然の調和が崩れた結果にすぎない。それは私たちが目に見えない世界の叡智から離れ、私たちを縛り、意気消沈させるような物語にとらわれ、意識的に生きることを忘れたときに起きる。物質世界だけしか見えなければ、生存本能にギアが入るのだ。

病気や争いや困難を避ける唯一の方法は、生き残るための戦いであり、他人を力で負かすことだと誤解してしまう。しかし実際には、私たちの欲や、自分勝手に人を操る行動こそが、必死で防ごうとしている病気や争いや困難を招いているのだ。

とはいえ、私たちが自分に振りかかるすべての不幸の作者だと言っているわけではない。ときには、自分で創りだしたわけではない不調和の結果として、困難な目に遭うこともある。

エボラウイルスはその一例だ。この致死のウイルスは、かつてはアフリカの森林の約26㎢の地域にしかいなかった。しかし、木材にするため森が破壊されて棲息地をなくしたウイルスに、周辺地域の人や動物が急速に感染しだした。エボラで亡くなった人の多くは直接森の伐採には関係していなかったが、森の喪失の帰結として、とばっちりを受けたのだ。

ほとんどの微生物は私たちのからだが調和を乱し、免疫力が落ちた時にしか有害にはならない。どんな強力な致死の寄生虫の攻撃からも確実に守ってくれるとは限らないが、人には自分の体内や他人との関係における不調和を防ぎ、正す力はある。

もし、あなたが不調和な人生を送っているなら、あなたは「グレート・スピリット」から離れた状態にある。より健康的で幸せな人生を望むなら、「グレート・スピリット」との関係を改善しなければならない。

ふたつの世界の間のベール

現代人は宇宙の科学探索にかまけて、目に見えない領域の存在や、そこで発見できることについては忘れてしまった。目に見えないけれど、人は平安になれ、物質世界に存在する苦悩から解放されるのにだ。しかし、目には見えない世界がそんなに素晴らしいなら、なぜ、私たちはずっとそこにいないのだろう？

シャーマンによれば、私たちに肉体があるのは、進化し、情緒的にも成熟して叡智を蓄えるためだ。物理学で例えるなら、肉体に宿っているときの人は、粒子の状態における電子のようなもので、目に見えない世界にいるときは、波の状態での電子となる。

粒子の状態でいる私たちは「局在性」で、生身の血と肉でソファに寝そべり本を読んでいたりする。そして、波の状態では「非局在性」で、すべてと一体で、宇宙の果てまで到達できる。人は死んで肉体を離れれば、非局在性、つまり形をもたず人の目には見えない世界に戻る。しかし、古代のシャーマンは死なずに非局在性の自分を体験し、日常の世界にいながら、ワン・スピリットを垣間見る方法を学んだ。

目に見えない世界で私たちがすべての創造の一部として非局在性の存在でいるときには、私たちには自意識を入れておく実体がない。

古代マヤ族は、波の状態でも意識を保つことを、「ジャガーのからだを得る」と言った。古代マヤ族の僧は死に打ち克ち、非局在性の世界で無限の認識を得て、それを村人たちに持ち帰った人、「バラムス」として知られていた。

アメリカ大陸全域でジャガーがパワフルなシンボルとされているのはそのためで、ジャガーは死を超える旅路に出かけ、全知の世界を徘徊し、生者の世界に戻ってこられる能力の象徴なのだ。

ワン・スピリット・メディスンを体験したあとには、目に見えない世界と私たちの間には鍵の掛かった門などないことがわかる。目に見えない世界は見える世界と共に常に存在し、アクセス可能なのだ。癒しと調和に向けて、目に見えない世界の叡智をこの世界にもたらすこともできるのだ。目に見える世界では、「グレート・スピリット」を物質に吹き込むことができる。

現代人は、科学技術は全能で何でももたらせると信じている。五感とマシンのインターフェースにより、世界中の知識をほぼ即座に得られるようにもなった。

しかし、私がいうワン・スピリットの体験は、そうした類《たぐ》いの無限の認識のことではない。無限の認識とは、時空をはるかに超えて宇宙の全体性を実体験する能力のことだ。この叡智により、私たちは自分のからだを癒し、人類の進化に意識的に貢献することができる。

私たちと見えないマトリックスを隔てるベールは、私たち自身の信条が創りだした意識のトリックにすぎない。「目の当たりにすれば信じられる」と言うが、その逆も真実で、「信じれば見えてくる」のだ。そうでなければ、目の前にあるものも把握できない。私たちは情報を頭で無視することもできるからだ。

アメリカ大陸を征服しようとした人々が最初に沖に現れたとき、メキシコ湾岸の先住民には侵略者の木造船は見えなかったという。見張りが見たのは、なびく白い帆だけだった。インディアンたちは盲目でも愚かでも頭がおかしくもなかった。巨大な船という概念がなかったから、目で受け取った情報を頭で消してしまったのだ。私たちの頭の先入観は強力で、既成概念や既存の現実認識に合わない感覚からの情報を、容易に無視してしまうという研究結果もある。

1世紀半前には、医師は感染症の原因となるウイルスの存在を嘲笑した。その「害虫」なるものは全く見えなかったから、現実ではありえないとしたのだ。

唯一の現実のように思える目に見える世界は、物理現象だけではなく、私たちの思考や感情からも構成されている。機能的磁気共鳴画像診断法（ｆＭＲＩ）を使えば、人が同情したり、「今すぐチョコレートが食べたい」と考えていたり、好きな音楽を思い出しているときの脳の変化がリアルタイムでわかる。意識には物質性があることを、神経科学が示しているのだ。

光輝くエネルギー・フィールド

では、目に見えない「グレート・スピリット」の世界は、健康や癒しにどう影響しているのだろうか。

私たちの肉体は、光輝くエネルギー・フィールド（ＬＥＦ）に包まれている。細胞や遺伝子、体内外の微生物が調和して共存するための情報を、ＬＥＦが提供しているのだ。ＬＥＦは一般の人には見えないが、身体のまわりを囲むオーラ、光輪や色彩としてこのエネルギーを見ることができる人もいる。訓練すれば誰でも知覚できるようになる。手の平を合わせて、激しく数秒間摺り合わせてからそっと両手の間を離せば、両手の間に熱や密度を感じられるだろう。

ＬＥＦは人のからだを成長させ修復するＤＮＡ、つまりハードウエアに指示を与えるソフトウエアのようなものとも考えられる。ワン・スピリット・メディスンを受け入れるまでは、人のＬＥＦは両親から受け継いだ遺伝子の指示に従ってからだを形成している。世代を超えて受け継がれてきたからだの状態や、心理的な物語やドラマを再現しているのだ。私たちは自分の両親より優れた、悟りをひらいた人間になりたいと思っていても、両親が抱えていた健康上や感情的な問題を受け継ぎ、自分の人生でそうした問題を何らかのかたちで繰り返すことになりがちだ。その悪循環を断ち切らなければ、両親のように生き、死ぬことになってしまう。

光り輝くエネルギー・フィールドの叡智が輝きを失えば、人は統合性を失い、不調和から病気になる。体内に抱える微生物のコロニーの90兆の細胞が、あなたではなく自分たちのサバイバルに向けて働き出す。ガン細胞は死ぬのを忘れ永遠に生きようとする。だが、「ワン・スピリット・メディスン」でＬＥＦのクオリティを高められれば、健康増進が可能になる。

何年も前のことだが、人間のからだの90％は外界からのバクテリアでできていると知って驚いた。人間のＤＮＡでできているのは10％のみなのだ。ということは、私は私の10％にすぎないということなのか？　いや、そうではない。

私はエネルギー・フィールドとして、自我、自分という感覚をもつこの驚異的な生物コロニーを組織しているのだ。私のからだの生物環境の１００兆の細胞は、ＬＥＦが私の脳と神経回路を通して調和と均衡を保つことで機能している。自然がそのように人を創造したのだ。個々の細胞が自由意志で決定権をもつよりは、ひとつの脳に管理させたほうが、生物コロニー全体にとっての最善を図りやすいからだ。でなければ、自由というより無秩序を担ってしまう。

シャーマンから見れば、ＬＥＦは個人の認識をもった叡智の意識のかけらだ。人が個人として独自の体験を認識するために必要な脳と、私たちのすべてがひとつに融合した「グレート・スピリット」の仲介役だ。

ＬＥＦは生体電磁波のフィールドで、身体には留まらず、無限に拡がり、宇宙の果てまで到達し、強度は弱まっても、決して完全に消えることはない。あなたのＬＥＦには星も銀河も含まれているのだ。

ＬＥＦは光と波動でできているから、あなたが夢を見れば、それが波動を変え、身体や外界に影響を与える。ＬＥＦの叡智をアップグレードすることなしに、「母親に人生を台無しにされた」「生まれる場所を間違えた」といった古い信条に執着していれば、そうした信条が常に頭を動かすプログラムとなる。そうなると、傷が癒えなかったり病気になったりといった帰結が待っている。

東洋哲学では、この原因と帰結を「カルマ」と呼ぶ。カルマに縛られるのは最善の生き方ではない。だが、ワン・スピリット・メディスンを受け入れてＬＥＦの叡智のクオリティを高められれば、健康と長寿の遺伝子が働きだし、カルマに縛られることなく、現世でより多くの報いが得られる。

１００年前、または石器時代の人類の祖先が生きた1万年前と比べれば、現在のほうがＬＥＦのクオリティを高めるのは大変だ。農薬や水銀で私たちの脳や神経が侵されているから、すべての創造物との一体感は容易には感じられないからだ。どんなに真摯に瞑想しても、オームを唱え続けても、目には見えない「グレート・スピリット」のマトリックスには、なかなか辿り着けない。

人間の永遠なる本質

ワン・スピリット・メディスンは、目に見えない叡智のマトリックスへの扉を開く。そこではすべてが関わり合い、私たちの想いの一つひとつが細胞の一つひとつに、そして宇宙のすべての分子に影響を与えている。量子物理学ではこの現象を「量子もつれ」と呼ぶ。粒子は不思議な相互関係にあって、銀河の両端に離れていても、ひとつの粒子の回転方向を変えれば、もう片方もただちに回転方向を変えるのだ。

当初、科学者は光速より速いコミュニケーションによるものだろうと推察した。私が師事したアマゾンやアンデスの優れたシャーマンたちは、もつれは創造物すべてにある性質だと信じている。私たちはすべて関わり合っているのだ。だから、北米の先住民の部族の多くは、「すべてが私との関わり」とみて、生き物はすべて尊重する。

ワン・スピリット・メディスンを体験すれば、精神科医のカール・ユングが「集合的無意識」と呼んだすべての創造物の共通認識に通じ、すべての生き物や自然と一体であることが認識できる自分の意識の一部にアクセスできる。

自分と一体の存在ならば、どうしてほかの生き物や地球を痛めることができるだろうか。その逆も言える。仲間の健康は気にかけるのに、なぜ自分自身の癒しには無頓着なのか。いったんワン・スピリット・メディスンを体験すれば、自分がトップに立つために他人を犠牲にするといったことは考えられなくなる。

目に見える世界と見えない世界に同時に自分が存在していると気づくことで、人生のすべてが、目に見えないエネルギーのマトリックスで自分が夢見たことの体現なのだとわかる。そんなことは認めたくないかもしれないが、感情的な痛みや苦悩も同様なのだ。目に見える感覚の世界と、目に見えないエネルギーのマトリックスにある明らかな壁も、実はあなたが創ったというか、人類が共有する錯覚でしかないのだ。

物質世界が唯一の現実だと考えたほうが、日常的には暮らしやすい。すべてとの一体感を感じながら、自然の波の中にいたのでは、すべきことのリストは実行しにくいからだ。しかし、いったん宇宙との関わりを体験すれば、すべきことのリストも多分変わるし、自己妨害することなく、そのリストを成し遂げる能力も高まるだろう。

ＬＥＦを通じてふたつの世界の間で巧みにダンスできるようになると、目に見える世界ですべきことをしながら、目に見えない世界で何もせずただそこに存在するというバランスもとりやすくなる。日常の活動に集中すべきか、「グレート・スピリット」との一体感を感じながら休息すべきかも選べるようになる。何かをするにしてもしないにしても、もっと良い選択があるのではと迷い続けることなく、しっかり意識的に体験できるようになる。

いったんワン・スピリット・メディスンを受け入れたら、他人が振る舞いや態度を変えてくれることを夢見ることはなくなる。波の状態では自分も全体の一部で、誰もがその全体の一部だと考えられるようになれば、他人の人生をコントロールしようとせずに、自分の人生を真摯に想像力豊かに生きられるようになるのだ。

目には見えない自分を目覚めさせる

睡眠中の私たちは、夢の世界では目覚めている。起きているときの私たちは、夢が生まれる目に見えない世界では熟睡している。

時間のない目に見えない領域については、夢、瞑想、深い黙考、音楽や祈りによって学ぶことができる。しかし、そうした束の間の体験は、ベッドやソファから立ち上がりコーヒーメーカーに辿り着く間に消えてしまう。

夢の世界には時間は存在しない。夢の中では、ずっと昔に亡くなった両親に出会ったかと思えば、次の瞬間にはどこか幻想的な風景の中で旅していたりする。しかし、どんなに鮮やかな体験も、目覚めてしまえばすぐ記憶から消え、その価値にも気づかないことが多い。

西欧で夢人生の重要さを認識しているのは、夢分析を学んだ心理学者くらいだ。しかし、私が生活を共にして学んだアマゾンの人々は、自分たちが見た夢を毎朝語り合い、お互いへの質問を通して得た叡智を村中で共有している。

人はスピリチュアルな存在でありながら物質的な存在であり、人の本質は波であり粒子である。この真実に気づくことは、人が持って生まれた権利であり、ワン・スピリット・メディスンはその権利を私たちに取り戻させてくれる。目には見えない自分、通常の時間の外でからだも形も持たずに存在する自分を認識させてくれるのだ。

夢の中では肉体をもたず、テーブルや椅子にぶつかったりもしないことに、あなたは気づいたことがあるだろうか。夢の中では、私たちは純粋なる気づきそのものなのだ。目に見えない世界では人には形も自己もなく、無限で至福の拡がりの一部だ。テーブルにぶつかったり、崖から落ちたり、苦悩や病気に遭遇するのは目に見える世界の中だけで、もちろんそこで私たちは学び、成長する。

ワン・スピリット・メディスンを受け入れれば、目に見えない世界への理解が深まり、それをどう人生に役立たせられるかが学べる。生と死、形のある世界と形のない世界の間で、目に見える世界と見えない世界がダンスするとき、その橋渡しとなるのがＬＥＦだ。それは年老いて死んでいく自分の存在と、物質や時には縛られない自分とを結ぶ。

生の後にも生があり、死は目に見える状態から見えない状態への移行にすぎないことを、私はシャーマンから学んだ。ワン・スピリット・メディスンは目に見えない世界にあるすべての根源と私たちをつなぎ、どうしたら健康を増進させられるか、苦悩を取り除けるかを教えてくれる。

私たちの誰もが、痛みや病気、感情的、精神的な苦悩や現代生活のストレスに煩わされずに、幸福でいたいと思っているだろう。しかし、自分が暮らす日常を創造する力が自分にあることに気づかなければ、その力は失われ、自分は未知で恐ろしい力の犠牲者だと思い始めてしまうのだ。

ワン・スピリット・メディスンは、夢に見た世界や健康を現実にしてくれる。といっても、あなたがひとりで健康を創りあげるのではない。「グレート・スピリット」には常に共同創造主がいるのだ。ワン・スピリット・メディスンの恵みにより、どこにいても、混んだ飛行機や電車の中でさえ、目に見えない世界の叡智とつながることができるようになる。

3章　専制君主を失脚させる

思考の狂気を知る。

博物館や遊園地で子供たちを魅了するのは、最も恐ろしげな恐竜、ティラノサウルス・レックスの模型だ。スピノサウルスやギガノトサウルスのほうが巨大な肉食獣で、ディプロドクスやアパトサウルスもティラノサウルス・レックスより何倍も大きいが、20世紀初頭にビクトリア王朝の人々がその骸骨を見るのに殺到して以来、ティラノサウルス・レックスは一大ブランドとして確立している。

この恐ろしげな恐竜は8歳児に冷や汗をかかせるほどの名前（ティラニー＝暴虐）を頂戴し、そのパワーに屈しなければ破滅に導かれる専制君主の象徴として、神話の王者となった。ティラノサウルスには羽毛が生えていたのではないかと言われているが、私たちの想像の世界では、誰にも屈しない堅固な皮膚の猛獣だ。

動物園の大型ネコ科の檻にも、獰猛《どうもう》な制圧者の神話は生きている。尖った牙と勇壮なたてがみの雄ライオンは、ガラスの向こうであくびしただけで見物人を圧倒する。今では、実際に狩りをするのは、オスより小さい細身の雌ライオンで、雄ライオンは見ているだけだとわかっているが、観客は檻の前にある立て看板に書かれた情報などは無視して「ジャングルの王者」にみとれる。

ティラノサウルス・レックスや雄ライオンがパワーの象徴なのは、人類の意識の中に、無敵の生き物に制圧されるというイメージが深く根付いているからだ。戦士や制圧者の存在が人類の意識の底に根付いているため、私たちは自分という存在の頂点に立つのは頭で、頭が思考や感情、身体と精神を支配していると考えがちだ。

私たちは赤ちゃんのときから、人間の脳は大きくて複雑だから、他の動物とは違うと言われ続けてきた。生命を保ち、考えや感情を起こす責任者は自分だと、私たちの頭はしっかり信じている。自分の癖や依存癖、人間関係や感情を変えるには頭を切り替えれば良いと私たちは信じている。だから、実際に人間関係を修復したり、健康を改善したり、感情を癒すのではなく、ただ考え方を変え続ける。

ワン・スピリット・メディスンが提案するのは、もっと頼りになる解決策だ。健康や豊かさや愛、幸福を創り出す究極のツールは自分の頭だという錯覚を捨て、「グレート・スピリット」や目に見えない世界との関係の構築という、もっと効果的なツールにアクセスできるようにしてくれるのだ。

ワン・スピリット・メディスンを受け入れれば、専制君主的な頭のせいで大騒ぎしていたことに気づく。そして時を超えた癒しの方法にアクセスできるようになる。

といっても、からだや頭を癒すのに頭を使ってはならないというわけではない。頭とからだの関係は、以前から幸福や病気に大きく関わるとみられてきた。ここでいう頭とは、責任者であることを自認して人を支配し、不足感と恐れに浸って生きている、横暴な大脳辺縁系のことだ。

人類の起源である私たちの祖先は、「グレート・スピリット」とのつながりを最も大切にした。現代の先住民にとってもそれは同様だ。

人類学者になってすぐの頃、私は石器時代の人類とあまり違わない、文明の手垢のついていない文化を研究し、彼らの暮らしには「グレート・スピリット」がしっかり存在することに驚いた。彼らの神話の多くは、天から来た存在が地上を歩き、叡智をもたらしたとする。特別な場所や変容意識の状態になれば、今でも彼らが信じる、そうした存在と意思疎通できるのだ。

そうした存在のひとつが、アステカ族やホピ族が夜明けの君主とする「羽毛ある蛇（ケツァルコアトル）」で、古代マヤ族では「ククルカン」と呼ばれている。

ケツァルコアトルは帰ってくる神で、夜明けの明星である金星と関連づけられている。神話によれば、新たな世界の始まりのたびに、ケツァルコアトルが再生と知識をもたらすために帰ってくる。その伝説は秩序を守る地球の原則として継承されてきた。頬を叩かれたらもう片方の頬を差し出し、隣人を愛せというキリストの教えが、今日の基本道徳となっているのと同様だ。ケツァルコアトルは、すべての叡智は「グレート・スピリット」から流れ出ると教える。

人として生まれて死ぬまでは束の間だが、肉体を得るのはとても困難なので、その体験は大切にしなければならない（仏教にも、「人間として生き返るのは貴重な恵みだから、有意義に生きなければならない」という、似たような考えがある）。

私が研究した先住民にとっては、死ぬまでの日常生活だけが唯一で究極の現実ではない。目に見えない「グレート・スピリット」の領域のほうが現実の中心で、精神こそが耐久性をもつ真の自分だ。私が教えを受けたメディスン・マンやメディスン・ウーマンは、「グレート・スピリット」の導きで、生命を救える植物や、植物栄養素に満ちた緑の植物を発見したという。

石器時代に生きた私たちの祖先にとっては、緑の植物が主な栄養素だった。人類と植物の王国の間には驚異的な協力関係があったのだ。完璧な相互関係だった。植物の吐く息が私たちの生命を保ち、私たちの吐く息の二酸化炭素が植物の生命を保つ。植物は太陽の光によって栄養素に富んだ食物となり、人はそれを食べ、癒しにも使える。私たちの祖先にとっては、尊敬の念で自然と関わっていれば、自然に原野でサバイバルできたのだ。

どのベリーが栄養豊かで、どのベリーが有毒かを知り、食べられる根がどこで見つけられるかを知るためには、現代人のほとんどが知らない、植物との意思疎通が必要だった。その頃には今のように有害物を検知するテストなどなかったから、毒にあたって死なないように願いながら、食べ物になりそうなものを試し食いしてみるしかなかった。

現代まで自然を尊重し自然と対話する伝統を守ってきた先住民の人々なら、そうした試し食いをせずとも植物が語りかけてくれたから、植物の性質を理解できたということだろう。

古代の知識習得法はそうしたものだったのだが、現代科学は計測したり、容器に入れたり、説明や再現が不可能なものは認めようとしない。しかし、石器時代の狩猟民族と自然の間には信頼関係があった。必要なものを大地が与えてくれることを、誰も疑いはしなかったのだ。

では、私たちはなぜ、「グレート・スピリット」や自然界との親密なつながりを失ってしまったのだろう。人類学者のジャレッド・ダイアモンド博士によれば、1万年前に農業革命が起きた。それまでの狩猟による食生活は脂肪とタンパク質を豊富に摂取していたが、それが穀物主体の食生活に変わった。ダイアモンド博士いわく、この食生活の変化は「人類史上、最悪の間違い」だった。そのために、戦いと衝突の時代が続き、残忍な主人と容赦のない戦士、不運な奴隷から構成される社会が続くようになったというのだ。

小麦、大麦、米、とうもろこしなど穀物主体の食生活では、体内で血糖が生成されやすく血糖指数が高くなる。そうした食生活を選んだ人類の祖先は、糖分で生きていたようなものだ。

私の仕事仲間のデイビッド・パールマターは、ベストセラーとなった著書『「いつものパン」があなたを殺す』（三笠書房）の中で、私たちのからだと脳はこの食生活の変化の影響をいまだに受けていると述べている。砂糖漬けの脳はぼんやりして、だるく、脂肪を燃料とする脳に比べてワン・スピリット・メディスンにアクセスしにくい。穀物が消化器系と脳にとって有毒であることと、小麦に含まれるグルテンの有害さについては、4章で詳しく述べることにしよう。

農業が盛んになると、サバイバルと安全保障が最も重要視され、そのためには土地や農民や穀物備蓄を守る力を持つ強力な支配者が必要だという考え方が生まれた。人類は怖がりで好戦的になり、「グレート・スピリット」もお互いも信じられなくなった。聖なるものとの直接の体験は、神と人の仲介役が仕切る宗教にとって代わられた。

ワン・スピリット・メディスンは癒しをもたらす「グレート・スピリット」や、自然のパワーとのつながりを取り戻させてくれる。平安な心で、地球のすべての生き物と調和して生きるには、専制君主的な考え方への忠誠を放棄しなければならない。石器時代の狩猟民族の祖先の暮らし方には戻れないが、宇宙を体験する彼らの生き方は取り戻すことができる。ウエルネスを実現したいなら、そのようにして神経回路をアップグレードしなければならない。

自分の脳の回路を配線し直す

アマゾンへの旅で、シャーマンが癒しに使う植物には3種類あることに気づいた。ひとつめは、私が「アスピリンの木」と呼ぶ植物だ。頭痛やマラリアで発熱したら、アスピリンの木が生えているところに行く。白っぽい黄色の木か、アンデス山系に自生するキナの木で、その樹皮から治療薬をつくる。頭痛をなくしたり熱を下げたかったら、西欧ではこうした種類の薬を使う。症状に対処する療法だ。

シャーマンが使うほかの種類の植物は、よりワン・スピリット・メディスンの働き方に近いもので、からだが持つ自然の再生能力や癒しのシステムのスイッチを入れる植物だ。細胞の中にある長寿タンパク質のスイッチを入れ、ニューロンを解毒する。ターメリック（ウコン）や黒胡椒のようなスパイスやアブラナ科の野菜も、そうした癒しの植物だ。こうしたスーパーフードはワン・スピリット・メディスンの礎《いしずえ》となるので、5章で詳しく述べる。

癒しの食べ物の第三の種類は、シャーマンが脳の修復と滋養に使うものだ。大脳皮質の一部で、脳の高度な機能の中枢である新皮質の活性化を促進するこうした療法には、キャッツクロー（アマゾンに自生する蔓科の植物）やオメガ3に富んだ食べ物が使われる。オメガ3のサプリメントがもつ脳の修復、痴呆症予防効果や、ＡＤＨＤ（注意欠陥・多動性障害）といった症状に対する治療効果については科学研究も多い。

ワン・スピリット・メディスンの魔法薬を求めて魔術師や魔女と交渉したり、シャーマンに癒してもらうためにアマゾンまで飛ぶ必要はない。今ここで、恐れをベースとしたプログラムを上書きして、自分の脳をアップグレードし、専制君主的な頭を冷やすことができるのだ。

恐れをもたらす大脳辺縁系と神経網

頭が専制君主的な態度をとっているときには、脳の中で、古代から存在した大脳辺縁系に属する無意識のプログラムが作動している。大脳辺縁系の専門はサバイバルで、このプログラムが作動しているときには、どこをみても危険だらけのように思え、捕獲された野生動物のような反応を示す。「哺乳類の脳」とも呼ばれる大脳辺縁系は、食べる、戦う、逃げる、性交するという四つの目的に向けて働く。

このサバイバル向けの原始的なプログラムは、穀物や砂糖の加工食品を摂取して脳に燃料が与えられると活性化する。孤独を感じたり不安になったときに慰めになる甘い物が食べたくなるのも、この脳の部位が働いているからだ。

大脳辺縁系は食べ物、性交、頭をぼんやりさせる薬物に人を執着させ、攻撃的にさせたり、または感情的にひきこもらせたり、自滅的な態度をとらせる。

しかしこのプログラムを休ませ、新たなことを学び、創造し、未来を夢見て計画する、進化した脳の部位である新皮質のプログラムを起動させることもできる。新皮質はモーツアルトの協奏曲や、優雅な数式など、美しい調和を好むプログラムだ。

新皮質はワン・スピリット・メディスンで活性化できるが、感覚への刺激、快楽志向、感情で動く大脳辺縁系はそうではない。進化した脳の部位を快速で作動させるには、良質の脂質が必要だ。そうでなければ時々、束の間の気づきがあるくらいで、永続的な洞察は得られない。進化した脳の部位は、ストレス下では真価は発揮できないのだ。

人がストレス下にあるときには、大脳辺縁系が運転席に座ることになる。問題は、人の脳は、静かに川岸に座っていたり、アフリカのサバンナに沈む夕日をじっと眺めているときにのみ進化できることだ。現代世界のリズムには慣れていないのだ。刺激が強すぎるために、神経網全体がハイジャックされてしまう。そうなると、チャンスを発見し創造的な解決策を思いつく脳の前部への血液の流れが滞る。剥き出しの感情に押しまかされ、嫉妬や怒りに我を失ったり、恐れで麻痺したようになったり、不安でまともに考えることができなくなる。

普段、大脳辺縁系でプログラムされた信条に自分が動かされていることに、人は気づいてもいない。サバイバルのためのこうした信条の中心は、恐れと暴力だ。世界は危険な場所で、曲がり角の先には人を食い物にするトラが待ち伏せている。死は私たちの存在が終わることを意味する。こうした信条が、私たちの脳に刻み込まれているのだ。

神経網は、人が感覚や感情で得たものを情報処理する、インフォメーション・スーパーハイウェイだ。神経網が、赤は危険、青信号は進め、誰がセクシーで誰が退屈かを人に示す。神経網には私たちの世界と現実がどう働いているのかを示す、多機能の地図がある。その地図には視界、音、匂い、記憶や子供時代の体験が含まれている。私たちが現実と考えている地図の大半は、母親のおなかにいるうちに作られたとも考えられている。しかし、母親のストレスホルモンは胎盤を通り越して胎児に到達してしまう。

だから、子供の父親になる男性が頼りになりそうもないと母親が不安に思っていたら、子供の現実の地図には、男に頼ることはできないという道案内が埋め込まれてしまう。逆に、自分の夫は頼りになると母親が確信していた場合には、子供の精神地図にもそれは反映され、現実もその地図に従ったものになる。

こうして生まれた新生児の神経網の回路は、日常の体験がその神秘的な地図どおりだと証明されるたびに強化され、その回路が使用されるたびにニューロン間の接続が強まる。やがて、その回路が慣れ親しんだ通路となり、唯一のルートとなる。

脳をスキャンして見れば、特定の部位の神経網の回路の幅がわかる。頻繁に使用される神経網が発達する一方、その逆も真なりで、神経網は使われなければ消えてしまい、スキャンを見れば、空白のエリアになっていることがわかる。

だから、週末の瞑想合宿でスピリチュアルな目覚めがあったとしても、厳しい生き残り合戦の日常生活に戻ってからもその修行を続けないかぎり、せっかくの悟りも消えてしまう。現代の企業社会で、禅僧でいるのはたやすいことではないのだ。

神経網は人を習慣の産物にする。人は革新的な考えや独自の見方をすることを幼児期でやめてしまう。実際、人の神経網のほとんどは7歳までにできあがり、その後は紫色の豚を描いたり、雲の中や木の根の中に家を描いたりはしなくなる。子供時代の不幸な体験は発達に影響するだけでなく、後年にアルコール依存症、心臓病、うつ病や若年妊娠など、その他の好ましくない行動を引き起こしがちだ。（文献1）

人は育つ過程で読み書きや自転車の乗り方、お行儀良くするといった実用に向けた神経網を発達させるが、子供時代にトラウマがあれば、それが大脳辺縁系に埋め込まれ、恐れ、怒り、苦悩や見捨てられた感覚を感じる神経網も形成してしまう。そのため、出来事自体の記憶はなくとも、人生で似たような体験に遭遇するたびに、繰り返し、感情的に反応するようになる。

私も人生を振り返ると、失恋、心の痛み、見捨てられるといった課題に悩まされてきたことがわかる。こんな体験もある。何十年も前、夏の間だけニューヨークに引っ越した私は、蒸し暑い日に新しいアパートに着いた。ビルの入り口の階段には汗臭いTシャツ姿の屈強な男たちが座っていた。私は即座に、強盗や殺人鬼がたむろするビルに住むことになったと思い込んでしまった。しかし後に、その男たちはとても善良な近所の人々にすぎないことがわかった。私は無意識のうちに、自分が経たキューバ革命の時の体験を、無実の隣人たちに重ねて見ていたのだ。

こうした課題は何世代にもわたって親から子に受け継がれがちだ。アマゾンではこれを「先祖の呪い」と呼ぶ。それが病気の遺伝子のスイッチを入れることもある。感情的なパターンがからだの症状に出るのだ。免疫が自分の細胞を攻撃してしまう免疫異常は、感情的な境界がしっかり築けていない家族に遺伝しがちだ。

自分の感情なのか家族の感情なのか区別できなくなるような家族関係もあるのだ。

意志の力で習慣を断ち切ろうとどんなに頑張っても、古い課題に縛られがちなのは、神経網が極めて効果的に作動しているからだ。

しかし、朗報もある。脳のプログラムを書き直せば、より楽しく、滋養に満ちた人生が送れるのだ。

神経の可塑性《かそ》

自分の経験やものの見方が脳の機能や構造に影響するというのは、比較的新しい発見だが、賢人は古代から、思考が脳を含めた物質世界を形づくることを知っていた。だからこそ脳をアップグレードして滋養を与え、ワン・スピリット・メディスンにアクセスできるようにすることが重要なのだ。

そして、ワン・スピリット・メディスンを体験すれば、脳は変わる。自分が全体の一部であるということに気づき、神聖な創造に浸ることで、新たな視点で世界を見られるようになり、脳の情報のスーパーハイウェイで走るレーンを変更することができる。ワン・スピリット・メディスンをいったん受け入れたら、古い物語は捨て、より面白い新しい物語を始められるのだ。

神経網は、ある種の体験をフィルターにかけてふるい落とす役割をする。私たちが現実のごく一端しか認識できないようにするためだ。だから、かつてのアズテク族の見張りのように、後には明白となる侵略者の大船を見落としてしまう。デートしている相手が情緒的な面で危険な人物である兆しがあっても、それに気づかず自分のためにならない関係に陥ってしまう。

こうした神経網により、人は自分の予言に縛られがちだ。世界は泥棒や嘘つきでいっぱいだと信じていれば、そういう目に遭う。対話療法で子供の頃のトラウマとなった物語を崩せないのは、それが古い物語を補強するだけで、新たな物語を書く助けにはならないからだ。

ワン・スピリット・メディスンは、人がもつ光り輝くエネルギー・フィールドに働きかけて情報をアップグレードし、新たな神経網の形成を促す。フレッシュなエネルギーと叡智を、光り輝くエネルギー・フィールドに吹き込むことで、潜在意識にある過去の痛みの記憶に潜む、暗く淀んだエネルギーを一掃する。エネルギー・フィールドに新しい物語を書き込むことで、より前向きな神経網を脳に形成できる。

いったんワン・スピリット・メディスンを受け入れたら、より簡単に静謐《せいひつ》な状態に戻り、自分の原生的な本質に気づくことができるようになる。いつでも好きな時に「グレート・スピリット」の目に見えない世界を体験し、よりヘルシーでクリエイティブな生き方をもたらしてくれる膨大な資源にアクセスすることが可能になるのだ。

第Ⅱ部

古い衣を脱ぎ捨てる

第4章 第二の脳である腸をデトックスする

私は自分のおなかに耳を傾け、その唸りを聞きながら自らに瞑想を強いる。すぐそばに食べ物があると思えば、断食はずっとしやすい。胃の壁が擦りあい、筋肉が緊縮することで、母や父、ビーチや幸福といった、忘れていた子供時代のイメージが、絞り出されるようだ。父親が消えたこと、恐れ、孤独、思春期、愛、嘘、うぬぼれや欺瞞などが、ひとつにまとまる。何も信じなくなった私は、誰に祈り、赦しを乞えばよいのか？

ハイラム・ビンガムはマチュピチュの発見者だ。私は彼の足跡を辿り、ペルーのジャングルを抜けて神秘のインカの光の街に向かった。先住民が何世紀にもわたって暮らしていた場所に行き着いた「文明国」の人間が、「発見者」と呼ばれるのは興味深いことだ。まるで、先住民がその地を世界から隠してきたとでもいうように。

私は今は廃墟となった遺跡のすぐ下でキャンプしている。この要塞に入る前に3日間、断食するためだ。そうでなければ、シャーマンがいう「スピリチュアル」なマチュピチュに出会い損なうからだ。

見渡すかぎり岩の積み重ねで、遺跡に重なるかたちで、目に見えない世界が存在するようには見えない。この古代の宮殿にベールをかける霧を通して、私は見えない世界を見通すことができるのだろうか。

それにしても、なぜ空腹でそれを成し遂げなければならないのだろうか？　長老は「自分の内なる野獣を発見し、それを遺跡の外に置いておけるからだ」と言った。蓋を開けてみれば、私にとっては自分の過去のすべてが野獣だった。冒険になりすました栄光の探索に乗り出したのは私のエゴで、古代の文化を世界に紹介するという報酬を欲していたのだ。野獣は私自身だった。

有害な人間関係、すべての悲しみや悦び、解決していなかったすべての課題が、たった2日間ほど、一日3食食べるのをやめただけで表面化したのは驚きだった。細身の私でも、数か月食べなくても生き残れるだけの脂肪がからだについていることはわかっていた。しかし、飢餓は素晴らしい先生となってくれた。西欧の心理学が精神発達過程の説明として、口唇期と肛門期に固執するのも無理はない。

――日誌より抜粋

あなたの腸も脳の役割を果たしていて、それは頭の脳と同様に重要なのだと考えてみてほしい。この「第二の脳」は、1億を超えるニューロンのネットワークを通じて、頭の脳と直接連絡をとりあっている。ニューロンは口から肛門まで9mにわたる格子状のチューブを構成し、栄養素の通り道である消化管全域を包み込んでいる。このチューブの関心事は、詩や愛や哲学ではなく、死後の世界の有無でもない。毎日の消化に全力を注いでいるのだ。食べ物を分解し、栄養素を取りだし、吸収して、排泄物を放出している。それは膨大な仕事量だが、こうした神経伝達は消化と排泄だけを専門にしているわけではない。頭部神経の中で最も長い迷走神経が腸と脳を結び、様々な生体情報を伝達しているのだ。

では、この第二の脳は、どんな情報を耳の間の頭部にある脳に運んでいるのだろうか？　そうした情報は、人の気分や気持ち、本能にどう関係しているのだろうか？

第二の脳である腸は体内のセラトニンの95％を分泌し、使用している。セラトニンはホルモンであり神経伝達物質でもあり、人の感情を処理する前脳の発達に重要な役割を果たす。「戦うか逃げるか反応」をコントロールするのは大脳辺縁系だが、セラトニンはその一部である海馬の新たなニューロンの成長も促進する。海馬は人が新たな体験から学ぶために必要な脳の部位だ。

ワン・スピリット・メディスンが効果を発揮するためには、前脳と海馬の両方が最高の状態で機能していなければならないが、それはセラトニンがもうひとつの重要な役割を担っているからだ。

セラトニンは夜になるとメラトニンに変わり、日常の現実を忘れてマジカルな夢の領域に入るよう脳に信号を送る。セラトニンは人間以外の動物や植物、真菌や細菌にもみられ、おそらく地球の生命の進化の中で、最も古く普遍的なホルモンだろう。

セラトニンは「快感」や「幸福感」を導くホルモンとしても知られている。化学的には「精神の分子」とさえ呼ばれるＤＭＴ（ジメチルトリプタミン）と類似している。ＤＭＴは左右大脳半球の間にある松果体でも生成されるが、自然界にも蔓延している。ほとんどの植物や動物も、ＤＭＴを持っているのだ。ＤＭＴは、アマゾンのヒーラーがビジョンを得るためやヒーリングに使う向精神性の煎じ薬アヤワスカなど、アメリカ大陸の先住民が使ってきた伝統的な幻覚誘発生薬の成分でもある。

今日の西欧では、ＤＭＴはかつてはシャーマンなど異次元への旅人だけが到達できた精神世界に勇《いさ》み入るための入門薬となっている。DMT研究のパイオニア、リック・ストランスマンのスピリチュアル体験を描いたドキュメンタリー映画『*DMT: The Sprit Molecule* 精神の分子』の監督であるミッチ・シュルツは、「DMTは人のエゴの層をはがす」と説明している。

「エゴの層をはがしていくと、自分の存在を完璧に認識し始める。言うなれば、現実より精神世界のほうがリアルなのだ。日常の暮らしは幻覚にすぎず、それよりずっとリアルなのだと思うようになる」

DMTが意識の変容に重要な役割を果たすのは明らかで、それはワン・スピリット・メディスンがもたらす意識とも関係がある。人が自分の脳の松果体でセラトニンをDMTに変えられるのは自然の恵みで、それにより私たちはより高い次元の意識にアクセスし、すべての創造物との相互関係を直接的に体験できるのだと私は信じる。だからこそ、セラトニンを生成してくれる第二の脳に関心を払わなければならないのだ。

腸を無視する西欧医学

西欧医学は薬品と外科手術を最大活用して、良くない食生活や運動不足がもたらす現代人の問題を軽減しようとしてきたが、同時に、人間のからだがもつ驚異的な自己治癒力を無視してきた。

カイザー財団の調査によれば、アメリカでは65歳以上の高齢者の9割が、症状の治療薬として何らかの処方薬を利用している（文献1）。症状に対処する薬は何千種類もあるが、病気を引き起こす原因への対策は皆無に等しい。

現代生活の病気のほとんどはおなかから始まり、食生活に関連していると研究者は語る。第二の脳は、実際には、複数のレーンがある情報のスーパーハイウェイのように、おなかの脳と頭の脳を結んでいる。精神的・感情的なストレスは身体反応を引き起こし、腸の機能と健康に悪影響を与える。

このハイウェイは双方向通行だから、腸の微生物環境が乱れれば、脳の機能と健康に悪影響を与える。腸の微生物コロニーの調和が崩れ、善玉より悪玉の微生物が増えると毒素の生成が始まり、それが免疫機能を損ね、脳の機能と気分を変え、病気への抵抗力を弱める。

私が最近母を医師のもとへ連れて行った時に、最初に医師が聞いたのは、「どんな薬を飲んでいるのですか?」だった。

西欧では患者が不安を訴えたり、頭がぼんやりした感じや、うつなどに苦しんでいたら、医師や心理学者のほとんどは、何を食べているかは尋ねないし、腸の悪玉菌と善玉菌のバランスも気にかけない。消化器の調子が悪くて胃腸科を訪ねても、医師に精神的・感情的なストレスについて尋ねられる可能性は低いだろう。第二の脳の問題を解決する必要もあることに関しては、西欧の医師はようやく古代の知識に追いついてきたところなのだ。

母を医師のもとへ連れて行った日に、私は犬も獣医のもとに連れて行ったのだが、獣医にはまず「何を食べさせていますか?」と聞かれた。自分が病気になったときには、獣医にかかったほうがマシだと私は思った。

人の思考や信条、感情が、脳の構造に影響することは、近年になって神経科学でも確認された。最高の機能を発揮できる状態に脳を戻せば、自分の癖やライフスタイルも意識的に変えやすくなる。あなたがストレスにうまく対応できる数少ない人間のひとりであったとしても、脳をアップグレードする必要がある。

あなたはよく眠れているだろうか？　起きたときに夢を思い出せるだろうか？　夢を見ていることを自覚しながら夢を見続けることはできるだろうか？　速習はできるだろうか？　新しい状況に即座に対応できるだろうか？　職場のストレスを家に持ち込まずにいられるだろうか？

こうした質問の答えがひとつでも「いいえ」だったら、あなたも自分の脳をアップグレードする必要がある。

脳の機能を低下させる毒素

体内外にある毒素があなたのおなかという第二の脳に、日々打撃を与えている。毒素は私たちが食べるもの、飲む水、吸う空気、そして大地にも含まれている。土壌汚染は植物や水源を汚染するからだ。

私たちの体内には６００種を超える自然界からの微生物が棲んでいる。人間のＤＮＡを持つ、人間特有の細胞の10倍もの細菌がいるため、研究者は人体を「細菌類の動物園」と呼んでいる。私たちの皮膚や口内、腸は、微生物のコロニーになっており、すべての調和を保つことが必要なのだ。

人体は、常に周囲の環境から微生物を摂取するようにできている。大地、空、空気、水などとの細菌交換を日常的に行っているのだ。

母親の子宮の中では、胎児は微生物とは無縁だ。しかし、産道を通って生まれる間にも数百万の微生物に触れ、それが生まれた子供のもつ微生物になる。だからこそ、母乳がとても重要なのだ。新生児は母親の乳首の周辺の微生物を摂取し、それが腸の微生物環境になる。

成長するにしたがって、子供はより広い環境を探索し始めるようになるから、さらに多くの微生物を摂取する。自分の爪を噛んだり、祖父母にキスされたり、飼い犬になめられたり、汚れた手で食べ物を口の中に詰め込んだりすることによってだ。微生物学者の友人から最近、「人がキスするのは、そうすることでお互いのもつ微生物同士の相性を確かめられるからだ」とも聞いた。

私たちの皮膚はすべて併せても数㎡だが、腸の表面積を併せたら約３００㎡で、テニスコートの大きさと同じくらいになる。第二の脳である腸は、私たちが摂取する食べ物により、環境をチェックし続けている。実際、人が周囲の環境と関わる主な場所は、手や皮膚ではなく、「腸」なのだ。消化器は無菌である必要はなく、腸に適切な微生物環境がなければ、うまく機能できない。だが、現代人は抗生物質を服用するたびに腸環境を核攻撃して、有害なものだけでなく親交的な微生物もすべて抹殺してしまう。現代人の多くが消化器や免疫に障害をもつのも不思議ではない。私たちは自分たちの手で、腸に毒を盛っているのだ。

第二の脳でもある消化器系と頭の中の脳をアップグレードするには、デトックスして有害な毒素をからだから取り除かなければならない。

環境にある毒素

現代人の体内の毒素の大半は、環境から取り込んでしまった毒素だ。医薬品や工業用の化学物質、保存料などのほか、トイレから流された薬による下水の汚染が浄水にも残留している。1世紀前には知られていなかった8万種類もの工業用化学物質が、今では存在するのだ。石油の燃焼や製造廃棄物がさらに人の暮らす環境を汚染し、毒素による人体への負荷も大きくなっている。

私たちの祖先には、こうした問題はなかった。数百年、数千年の間、地球は人類がもたらした変化に対応してきた。人が歩くことによる大地への影響や、釣りによる水の影響は比較的小さく、生態系に恒久的な打撃を与えることはなかった。

かつての人類は持続可能な生き方をしていたのだ。食べ物はオーガニックで、排泄物は容易にリサイクルでき、家も泥や藁《わら》といった自然素材で造っていた。遺伝子改造食品や半減期1万年のプラスチック、ホルムアルデヒド含有のマニキュアなど存在しなかった。しかし、鉛や水銀などの天然資源を発掘し、それらがペンキやバスタブ、電球、鉛管、歯科の詰め物といった製品の一部や、最近では魚介類の汚染として人体や住環境に取り込まれ、すべては変わってしまった。

水銀が神経毒であることは知られている。鉛も水銀も、学習障害やＡＤＨＤといった発達障害との関連が指摘されている（「帽子屋のように頭がおかしい」という英語の表現は、18世紀や19世紀にはフェルトの帽子の製造に水銀の蒸気が普通に使われており、それに触れたことで精神障害を起こす帽子製造業者が多かったことから来ている)。体内に入った鉛や水銀などの金属は脂肪に蓄積されるが、脳の6割近くが脂肪なのだ（文献2）。

人の健康に影響する環境汚染源は重金属だけではない。過去1世紀ほどの間に、人類は数百万の人工の化学物質を環境に放出してきた。研究室で人工的に作られる分子は、農薬、防火剤、衣服、シャンプー、ノンスティックの調理器、家電製品、プラスチックのペットボトルから鉱業や製造、はては医療や製薬に使われる化学物質にも含まれている。

こうした化学物質の影響に関するデータは少ない。米国で使用が認可されている8万2000種類の化学物質のうち、人体の影響が検査済みなのは、約4分の1にすぎない。しかし、こうした分子はいずれも虫や細菌類に摂取させて、人や環境の中で使用できる物質に変えてリサイクルすることはできない（家族が乗る大型車のカーシートの下に落ちたままとなったファーストフードのフライドポテトが、何か月経っても色も形も変わらない理由もそこにある。自分を大切にする微生物は、有害な化学物質満載の食べ物には手をつけないのだ)。

残念なことに、人類が作り出す化学物質のほとんどは、そのままの形で環境に残留することになる。古い建物は有毒な鉛入りのペンキで塗られているし、汚染源の工場を通過する河の底は発がん性のヘドロで汚染されている。私たちがゴミ箱に捨てたりトイレに流す治療薬も、大地や水や空気の汚染の一部となっている。

米国で最も蔓延している汚染源は防火剤で、それは私たちが出会うほぼすべての製造物に使われている。防火剤は表面のコーティングとして使われるのだが、その微細な粒子がはがれ落ち、ホコリと結合して空中に拡散しているのだ。研究者たちによれば、バターやピーナッツといったスーパーの棚の人気商品や、さらに恐ろしいことに母乳からも防火剤が検出できる。

拡散した有害な分子を、人は吸い込んだり食べたり飲んだり、または肌から体内に吸収するから、決して終わりのない悪循環となる。そして環境中に再拡散される前に人体に大きな悪影響を与える。

影響を受けているのは人類だけではない。最近、ジョージア海峡に打ち上げられたシャチには、ＰＣＢ（ポリ塩化ビフェニル）やその他の毒素が満載だったので、その死体は健康有害物と認定され、有害廃棄物扱いされた。

人の脳は、環境に放出された有害物の負担に耐えるようにはできていないことは、この本の読者なら、すでにご存知だろう。

石器時代に生きた人類の祖先は、健康増進を可能にする意識の状態を容易につくりだせたが、神経毒が蔓延する今では、それは困難になってしまった。このことは、あまり認識されていない。言い換えれば、現代人はすべての存在との一体感を得られずにいるのだ。

遺伝子組み換え食品

人類が人工の化学物質によりもたらした問題は、生態系全般に影響を及ぼしている。それにも増して、毎日の食生活は脅威にさらされている。遺伝子組み換え食品が、私たちの腸に大きな負担をかけているのだ。

毒素がメニューに含まれていることには、私たちは普段気づかずにいる。科学者は食品や食用作物を長持ちさせたり、害虫への耐性を強めたり、見た目や味をより良くするために、生物のDNAを変えることに熱心だ。ファーマーズ・マーケットに行って、ピカピカでシミもなくきれいに陳列されたりんごに比べると、傷のあるりんごは売れ行きが良くないことに気づいたことがある人もいるだろう。

植物は敵から逃げることができない。だから自然は、天敵を寄せつけないための化学物質を生成する力を植物に与えた。しかし、米国で生産されるトウモロコシの90％には、より強力な殺虫成分を生成するよう改造された遺伝子が含まれている。そうしたトウモロコシを食べようとした害虫は、胃が破裂して即死する。トウモロコシや綿に組み込まれた遺伝子は、バチルス・チューリンゲンシス（Ｂｔ）という細菌の遺伝子だ。

Ｂｔの毒素は胃の中ですぐに破壊されるから、人体や動物への脅威は少ないと食品産業は主張する。しかし、ネズミの実験では、アレルギー反応や腸の損傷が報告されている。Ｂｔで遺伝子組み換えされた綿を扱うインドの農業生産者にも、くしゃみ、鼻水、また涙目や目の痛みやかゆみといったアレルギー症状が出ている。

Ｂｔの毒素は今では米国の河川の85％近く、90％以上の妊婦の血液から検出されている。Ｂｔが食品産業の思いどおりにならなかったのは明らかで、長く使用されることで食品の生態系に恒久的な影響が出る可能性は高まっている。

大豆も頻繁に遺伝子組み換えされている作物だ。農薬を扱う大手企業のモンサント社が、自社の農薬であるラウンドアップ剤を使用しやすいように遺伝子組み換えしたのが、ラウンドアップ大豆だ。今になって科学者たちは、トウモロコシや大豆に含まれる遺伝子組み換えタンパク質は、人の腸の善玉菌に自分のＤＮＡを組み込んでしまうことを発見した。そのために、遺伝子組み換えの大豆やトウモロコシを食べるのをやめても、その影響はずっと続いてしまう。

今日では遺伝子組み換えのトマト、スクワッシュ、ビーツも珍しくなくなった。遺伝子組み換え食品は野菜売り場だけではなく、人が最も疑いにくい魚売り場にも出回っている。実際、スーパーマーケットの棚にある全食品の70％以上が、遺伝子組み換えされた食品成分を含んでいるのだ。米国農務省認定のオーガニックと明記された食品しか食べないという人以外は、誰もが地球の長い歴史の中で前例がない遺伝子実験台にされているのだ。

穀物の悪影響

第二の脳である腸を痛める毒素を含む食品は、遺伝子組み換え食品だけではない。穀物を主食とする食生活の普及がもたらした新たな病気に、世界中の人々が直面しているのだ。

問題のひとつは、今私たちが食べている小麦は、75年前の小麦とは別物になっていることだ。ソビエトなどの地域の飢餓をなくすために、第二次大戦後に「グリーン革命」が起こり、かつての欧州種の小麦と比べるとグルテンの含有量が20倍で、収穫高も大きいドワーフ小麦が市場に出回るようになった。つまり、パンの成分も変わっているのだ（グルテンはパン種に粘りを与えるタンパク質）。グルテンの摂取で腸が打撃を受け、人を衰弱させるセリアック病（グルテンへの免疫反応が引き金となって起こる自己免疫疾患）の激増は、食生活の大きな変化による影響とみられている。

セリアック病にならなくとも、私たちの誰もが、驚くほどグルテンに耐えられなくなっているのは厳しい現実だ。グルテンは小麦、ライ麦、大麦など、多くの穀物に含まれるが、人類の消化器系は穀物主食でしっかり機能できるようには進化していない。だから、多くの人にとって、穀物は有毒で、穀物に富んだ食生活は第二の脳に打撃を与えることになる。

穀物に含まれる炭水化物はグルコースに分解され、脳の燃料となる。しかし、炭水化物は脳にとって最善の燃料ではない。人類の脳の中でも、より発達した神経は、脂肪を燃料としたほうがよく機能するように進化した。脳が糖分や穀物を燃料とすると、原始的で天敵ばかりに気を配るサバイバル重視の体制となり、私たちの気分や精神機能、健康全般に悪影響が出る。

糖分の悪影響

今では先進国のどの家のキッチンの棚にもある最も有害な毒素は「糖類」だ。平均的アメリカ人の成人消費者は、アスパルテーム、サッカリン、スクラロースといった人工甘味料やコーンシロップも含めると、年に70kg近くの糖分を摂取している（文献3）。その多くは加工食品からだ。甘いとは感じないケチャップ、ピーナッツバター、ヨーグルトなどにも砂糖や代替物が加えられている。

天然の砂糖より人工甘味料をお茶に入れるほうがヘルシーだと思うかもしれないが、人工甘味料のほうが脳や腸にとって、より有害である可能性もある。疑似甘味料は実際には空腹ではなくとも、何か食べたいと脳に感じさせるのだ。そして、糖分や穀物で食欲を満たせば、それがイースト菌やそのほかの菌類、腸の悪玉細菌の滋養となり、体重を増加させる。人工甘味料の摂取は、２型糖尿病とも関連づけられている。

蜂蜜以外のすべての糖類は、脳の重要な部分を修復する脳の幹細胞や、新たなニューロンの生成を促進する脳由来神経栄養因子（ＢＤＮＦ）の量も低下させる。糖尿病もアルツハイマー病も、糖分摂取が多い典型的な西欧の食生活に関連していることが、最近話題になっている（文献４）。

人は特に感情的な起伏があると、糖分やジャンクフードへの食欲を感じやすい。失恋したり仕事で何かうまくいかないことがあると、手が伸びる先は？ チョコレートチップ・クッキーをひとつ食べたり、ときには一袋食べきってしまうことすらあるかもしれない。しかし、食べ物にそうした強い食欲を感じるのは、単なる頭、つまり心理学的な問題ではなく、第二の脳である腸の問題でもあるのだ。

自分では美味しいからチョコレートケーキやトルティーヤチップスを大食いすると思っているかもしれないが、ひとつ食べても収まらない本当の理由は、糖分を栄養として繁栄するイーストや菌類、腸内の悪玉細菌が、炭水化物や糖分を摂取すると満足するからだ。

コカイン中毒にされたマウスにコカインか砂糖が選べるようにすると、１００％の確率でマウスは砂糖を選ぶ。甘い物や炭水化物は、ヘロインやコカインといった麻薬の刺激を受け取る脳の部位を刺激するのだ。

そして、神経伝達物質のドーパミンが放出されて、快楽反応が起こるので、人のからだは「食べ物＝快楽」として反応するようになる。より快楽を求め、もっとたくさん食べるようになる。この循環は繰り返され、安堵感が感じられる食品のとりこになるのだ。

食欲に負けてクッキーに手を伸ばしたり、朝食にマフィンやパスタを食べれば、腸を悪玉細菌に制覇されることになる。

内因性の毒素

第二の脳に悪影響を与えている毒素のすべてが、食べ物や環境に起因しているわけではない。腸内の悪玉微生物により放出され、ホルモンで分解される毒素もある。微生物も人間と同様に食べては排泄しており、放出された毒素が私たちの脳や内臓に悪影響を与えかねないのだ。

腸内の毒素が脳に影響を与える仕組みについての新説を発表したのは、カリフォルニア大学ケック医学部の研究者ヘンリー・リン博士だ。

この説によれば、無制御となった細菌が、通常では存在しないはずの小腸にも侵入することで、小腸の細菌のバランスが崩れる（文献5）。すると、免疫や神経が反応し、不眠、不安、うつ、認知機能の低下などを引き起こす。腸の免疫システムが副腎皮質刺激ホルモン放出因子（ＣＲＦ）をもっと生成するよう脳に信号を送るために、ストレスホルモンのコルティゾルと神経伝達物質のドーパミンの量が増え、セラトニンの量が減るということだ。

腸で起きたことは腸内では収まらない

腸で起きたことが全身に影響するのは明らかだ。健康な腸には兆単位の腸内細菌が満ち、食物の消化、栄養素の吸収やビタミンの生成を助けている。こうした細菌はビタミンB、C、Kも合成しており、昔の研究者は腸内の細菌環境をまとめて「忘れられた内臓」と呼んだほどだ。

消化管の善玉菌は細胞の炎症を防ぎ、毒素の動きを監視する。腸の粘膜の免疫システムをつくり維持するという大切な役目もある。人を病気にする病原菌と、病気との戦いを支援する抗原の区別の仕方も免疫システムに教える。このバランスを維持できれば、免疫システムが特定の抗原に過剰反応することで起こるアレルギーも防げる。

腸の中では、善玉菌が悪玉菌の数を圧倒的に上回っていなければならない。しかし、腸の細菌環境のバランスを乱すのは、穀物と糖分だけではない。オーガニックではない牛肉、鶏肉、乳製品に含まれるホルモン、抗生物質そのほかの薬品は、イーストや悪玉微生物の成長を助け、善玉菌の数を減らす。

最近「クロストリジウム・ディフィシル誘発性大腸炎」と呼ばれる悪質な大腸炎を患う人が急増しているが、それは抗生物質により腸がバランスを崩したことが原因だという声もある。

抗生物質で消化器系に大きな打撃を受けた人は、健康な人の便を摂取するとよいという臨床研究の結果報告もあった。嫌な話に聞こえるが、腸の炎症で生命を失う危機にある人なら、そんなことは気にしていられないだろう。ニューイングランド・ジャーナル・オブ・メディスン誌の２０１３年1月号で発表された研究によれば、便移植による大腸炎の治癒率は１００％。ちなみに抗生物質のバンコマイシンによる治癒率は31％だ（文献6）。

カルガリー大学のトーマス・ルーイー医博は、この療法を飲み込みやすい服用薬として、利用している。現時点では服用薬は患者ごとにカスタマイズされているが、クロストリジウム・ディフィシル誘発性大腸炎にかかる年50万人のアメリカ人を助けられる薬剤ができる日が来るかもしれない。大半の人はそこまで抜本的な消化管の修復が必要なほど具合は悪くないだろうが、腸のバランスが崩れている兆候は誰にでもある。

しかし、おならや腹部の膨張感、気分のむら、軽いうつ、アレルギーなどを腸の細菌環境と関連づけられる人は少ないだろう。私が大学生の頃には、おならをするのは男ならあたり前だと考えていた。しかし今では、糖分や小麦の加工食品、グルテン豊富な穀物を摂取すると、腸の善玉菌が打撃を受け、誰でもおならが出やすくなることを私は理解している。

加工した小麦、パン、パスタなどに含まれる安物の炭水化物とグルテンの摂取を避け、高品質のプロバイオティクスで腸の細菌環境を再構築すれば、消化管には少しずつ善玉の微生物のコロニーが育ち、悪玉菌のほとんどを放逐できる。しかし、グルテン豊富な食べ物を食べ続ければ、炎症、免疫低下、腸管壁浸漏症候群を招きやすい。

腸管壁浸漏の災い

　腸管壁は一細胞の厚みしかなく、グルテンはその壁を構成する細胞間の結合を緩めてしまう。そのために腸の内容物が外に浸漏するようになると、未消化の食べ物のかけらや細菌が、腸管壁から血管に漏れ出す。網を引っ張りすぎると網目が大きくなるようなものだ。血液中に外からの細菌が増えると事態は悪化する。

　血液中の免疫はグルテンを悪玉微生物として扱う。それで自己免疫反応が起こり、免疫システムの化学伝達物質であるケモカインとサイトカインが放出され、それが細胞傷害性T細胞に、腸管壁の攻撃を指示する。その結果、消化器がやられるだけではなく、食物に過敏になったり、肌に湿疹が出たり、関節痛やからだ全体が炎症を起こしたりする。その間、肝臓と腎臓も毒素の代謝に躍起となり、血流に入った毒素は、やがては血液と脳の障壁も越えてしまう。


　腸管壁浸漏症候群が脳にもたらす影響は、甚大で広範囲に及ぶ。頭痛、ぼんやり感、集中力の散漫、短期記憶の喪失（年のせいだろうと思う瞬間の多くは腸管壁浸漏によるものなのだ）をはじめ、うつや不安を感じる人もいる。またはＡＤＨＤになったり、衝動的になったり、癇癪《かんしゃく》持ちになる場合もある。脳に毒素が増えると、愛や美、創造性や悦びなどに関わる高度な脳機能のための神経回路が、機能不全になるのだ。

　最悪なのは、脳が自動操縦し始め、戦うか・逃げるか・食べるか・繁殖するかという四つの基本反応を管理する、原始的な辺縁系の独壇場となることだ。そうなった人は、どうして気分が落ち込みがちなのか、なぜ携帯電話をいつも探す羽目になるのか、なぜ世界が敵対的で恐ろしいところなのかを理解できずに苦悩することになる。こうした状態では、高尚な意識など絶対に体験できない。

腸管壁の浸漏を修復し、毒素過剰の状態から回復するには、まず食生活からグルテンと糖類を追放し、腸に善玉の細菌環境を回復させることだ。

糖類のデトックスには、甘いと感じる食べ物を避けるだけではこと足りない。穀物の加工食品も避けなければならない。即座にグルコースに変わり血糖値を急上昇させるからだ。全粒穀物は血糖値を安定させるために充分な繊維を含んではいるが、ワン・スピリット・メディスンを受け入れられるように脳をアップグレードしたいなら、穀物の加工食品はすべて避ける必要がある。そんな食事制限は厳しすぎると感じるかもしれないが、栄養素の推奨摂取量を見れば、炭水化物加工食品の一日の推奨摂取量は0であることを心に留めておいてほしい。

糖分を排除するためには、スイカやレーズンなど、避けなければならない果物もある。アイスキャンディよりグリセミック指数が高いからだ。繊維分が多いフルーツや野菜は、グリセミック指数が高くはない。グルコースをゆっくり吸収するから、血糖値を急上昇させないのだ。

断食

デトックスの中心となるのは「断食」だ。人類は古代から、スピリチュアルな体験に備えて心とからだを清める手段として、食べ物を断ってきた。昔から、シャーマンはワン・スピリット・メディスンを受け取るためには、毒素に侵されず最高の機能が発揮できる脳が必要なことを知り、数日間水しか飲まずに過ごした。断食の目的は体重を減らすことではない。それは危険だ。私たちにとっての断食は、からだの修復機能のスイッチをオンにし、脳の霧を晴らすためだ。断食は細胞レベルでのクレンジングになる。数時間、糖類と炭水化物加工物の摂取を減らすだけで、細胞の中では、廃棄物が細胞の再構築材としてリサイクルされる「自食作用」が始まる。

体内の細胞がデトックスすると、細胞からの廃棄物が血流に排出され、それが消化器管に運ばれ、体外に排泄される。糖類を摂取しているときにはからだは構築モードになり、筋肉を修復したり新たな筋肉を作ったりしている。数時間の間でも糖類の摂取をやめると、自食作用とリサイクルのモードになる。

ごく短期間の断食でも、からだと脳には驚異的な変化が起きる。断食を始めてから24時間以内に、人成長誘因ホルモンは15倍に増え、人体組織を構成する細胞を修復する。18時間糖類を食べないだけで、からだは自己修復と細胞のデトックスを始め、長寿遺伝子のスイッチもオンになる。デトックスのために断食する場合には、午後6時から翌日の正午まで糖類と穀物をまったく摂取しないことが必要だ。

食事は一日4回にする

ヘルシーなオーガニック食品を食べれば、肌、腎臓、肝臓、肺からのデトックスはより効率良く進む。ワン・スピリットの存在に気づくことができる脳とからだをつくるための基本メニューの食材は、新鮮で繊維質に富む野菜、ヘルシーなナッツ、種子類、オイル、そしてオメガ3に富む魚だ。

こうした食べ物は、脳の燃料となる良質なオイルを豊富に提供してくれる。第二の脳である腸とミトコンドリアの機能を助けるには、脂肪分はすべてナッツ、種子類、アボカド、ココナッツオイル、コールドプロセス製法で作られたオリーブオイル、亜麻仁油など、ヘルシーなオイルから摂るようにしたほうがよい。

カリフラワー、ブロッコリー、キャベツなど繊維質に富むアブラナ科の野菜も、たくさん食べたほうがよい。アブラナ科の野菜は、抗酸化材とデトックス酵素の生成をコントロールし、細胞内の長寿遺伝子を発現させる遺伝子の通り道であるＮｒｆ２のスイッチをオンにして、デトックスの過程を助けてくれるのだ。根菜はグリセミック指数が高く、血糖値を高めるので、避けたほうがよい。

デトックスの最中は、フルーツも一日１杯、午後に食べるだけにする。果汁は血糖値を急上昇させるので避ける。その代わりにオーガニック野菜から作る新鮮なグリーンジュースで一日をスタートさせればよい。味を良くするために人参やリンゴを少量加えてもよい。

デトックス期間の後には、デトックス・メニュー以外の食べ物も、適度に食べられる。この時点ではコーヒーやワインを一日１杯程度飲んでも構わない。

グリセミック度が高いから、生涯にわたってスイカや赤カブを食べてはいけないと言っているのではない。ただ、自分のからだからの信号や気分の変化に注意すれば、次にいつデトックスが必要かがわかる。

私たちの多くは一日3食に加えて、スナックを食べることに慣れている。7日間のデトックス中には、朝食2回を含む一日4食にして、その間にはスナックなどのジャンクフードは全く食べないようにする。

朝起きたら最初の朝食として、緑の葉野菜、特にケールから作ったドリンクを飲む。そして午前中の遅い時間に2回目の朝食として、アボカドなどからヘルシーな脂肪分、卵やスモークサーモンなどからタンパク質を摂取し、フルーツや穀物は食べない。

フルーツを食べたければ、ランチとして、蒸し野菜とお好みのタンパク質と一緒に食べればよい。タンパク質は魚、または穀物のように見えるが実際にはホウレンソウや赤カブの親戚植物でグルテンを含まないキヌアから摂れる。キヌアは栄養素に富み、良質の脂肪とタンパク質も豊富だ。

夕食は軽めにし、タンパク質とヘルシーな脂肪を摂る。午後6時までに食べ終わることが肝心だ。そうすればしっかり12時間断食でき、グルコース構築システムを18時間休ませ、細胞に自食作用を起こさせられる。

人類は約1千年の間、植物主体の食生活を標準としてきた。しかし、現代人の私たちのほとんどは、グリーンジュースやサラダ、ベジタブルスープを朝食にすることには慣れていない。より美味しく食べたいなら、ナッツや種子類、ヘルシーなオイル、またフレッシュなハーブやドライ・ハーブを足せばよい。

ワン・スピリット・メディスンを受け入れる準備中には、風味を添えたり、サラダドレッシングに使うオイルは、亜麻仁油かエクストラ・バージン・オリーブオイルだけにし、加熱調理には高温に耐えるココナッツオイルのみを使う。熱で分解するオリーブオイルは、加熱調理には使ってはならない。

野菜は茹ですぎたり、調理しすぎないようにする。繊維質が分解され、植物栄養素とビタミンが破壊されるからだ。蒸すか、野菜のスープをオイル代わりにして、ハーブと一緒に炒める。またはヘルシーなオイルをかけて生で食べる。

7日間のデトックスを実践すると、からだも気分も高揚する。そのため、穀物加工品を食べるのはやめて、ヘルシーな脂肪と植物ベースのオーガニック・ダイエットを常に実践したいと思うようになるかもしれない。有毒物を摂取する機会を減らすだけでも、脳の機能の健康改善には役立つが、植物の栄養素を基本とするダイエットにすれば、毒素を排出し、健康増進に向けたからだの機能を最大限に高めることができる。

デトックスのための参考メニュー

午前7時　最初の朝食：グリーンジュースを約240㎖飲む。

〈材料〉ケールの小さい葉6枚、カラードグリーンの葉2枚、きゅうり半本、セロリ2本、しょうが約1㎝、皮をむいたレモン半分、青りんご半分。

コーヒーやお茶類は飲まない。

食事中、または一日をかけて、たっぷりの水、少なくともコップ8杯の水を飲む。

午前10時　2回目の朝食：好みのタンパク質と脂肪。卵、ゴートチーズ、アボカド、スモークフィッシュ、ナッツなど。

ランチ　グリーンサラダまたは大皿の蒸し野菜か、野菜スープで炒めた野菜。風味を添えるにはヘルシーなオイルとハーブ、スパイスを使う。ひとつまみの種子類、ナッツ、アボカド、または一人分のスモークサーモン、天然魚、キヌア、脂肪分の少ない草で育てられた肉。好みのフルーツ。

午後のスナック：ナッツ、種子類、スパイスとハーブを混ぜたマッシュアボカド。小皿のサラダ、またはグリーンジュース。

午後6時（午後6時まで）　夕食：ランチと同様。
お茶類は最初の朝食時以外、一日中飲んでも良い。緑茶はカフェインは少ないが、抗酸化成分が豊富で、細胞のデトックスのスイッチを入れられる。

デトックスすると、どうなるのか

糖類や加工穀物、その他の加工食品を食生活から排除してデトックスし始めて数日間は、疲れやからだの痛み、不快感を感じるかもしれないが、それは正常な反応だ。毒素がからだから出ていく間にはおならや口臭、頭痛もよく起こる。水をたくさん飲めば、毒素は腎臓、膀胱を通して排出されやすくなる。皮膚からも毒素は出ていくので、通常より汗もかきやすくなる。デトックスの最初の数日はよく休むようにする。週末からデトックスを始めるのもよいだろう。

デトックス中に頭がぼんやりしたり、意識を集中させにくいと感じることがあっても、驚くことはない。毒素は脳内の脂肪に蓄積されており、デトックスすると脳が、それを体外に出そうとして、血流に毒素を放出するのだ。

デトックス中には、苛立ちや、気分の落ち込みも感じるかもしれない。からだをデトックスすると、長い間溜めていた感情も放出されがちなのだ。有害な感情はからだの毒素と結合しているから、からだと感情の毒素の排出にからだは大忙しなのだ。この期間中に表面化する思い出や気持ちに注目しよう。

古傷が意外と深い傷になっていたことに気づくかもしれない。すぐには反応しないようにしよう。プライベートなことで大きな決断をしたり、他人と対決すべき時ではないのだ。そうではなく、時間をかけて溜まっていた感情をリリースしよう。

7日間のデトックスの間には日誌をつけることをお勧めする。苛立ちから周囲の人に八つ当たりすることの防止にもなる。日誌をつけることで、蘇ってきた過去の体験を別の視点から見直せるし、古傷に対処し直せば、赦す気にもなれるかもしれない。実際、数日して頭がすっきりしてくると、自分の問題を全く別の見方で見られるようになっている。有害な感情は消えてしまっているかもしれない。からだの機能も改善されるので、短い睡眠でもしっかり休めた感じがするだろう。

成果を見守る

デトックスの効果を測る方法として、空腹時のグルコース値を調べることができる。グルコース測定器は薬局などで手頃な価格で買えるだろう。朝食を摂る前に血糖値を測る。正常なグルコール値は75〜90㎎／dℓ、85以下が理想的だ。

食べてから2時間後に、再度グルコール値を計測する。食べる前との差は40以下が望ましい。空腹時のグルコースは105でも正常範囲内とされているが、糖尿病や認知障害の予防にはそれ以下に保ったほうがよい。

食生活を改善している間にグルコース値を正確に計測するには、デトックスの数日前から計測を始めて、デトックス中もその後も、測定を日課にする。食生活を改善して脂肪を脳の燃料にして、栄養豊富な植物を食生活の中心にした後には、グルコース値が低下する様子を定期的に監視しよう。

デトックスすることで、IGF-1（インスリン様成長因子）の値も下がるだろう。IGF-1はインスリンに関わるタンパク質で、四肢を成長させている成長期には必要な成長因子だ。しかし、成人ではIGF-1値の高さは病的な成長と関連づけられている。IGF-1値の上昇はガンの危険性の兆しで、実際にIGF-1は腫瘍マーカーとして臨床で利用されている。IGF-1値を下げればガンその他の病気になる危険も減らせる。チリで私たちが主宰している「7日間で新しいからだをつくろうプログラム」で、参加者の血液検査をすると、IGF-1値は30~50%低下している。

インターマウンテン・メディカルセンター・ハート・インスティテュートの心臓専門の研究者たちの研究によれば、米国人の死因のトップである循環器病や糖尿病にかかる危険も、断食で低下させることができる。たった24時間断食しただけで、からだを修復し、代謝のバランスを回復させる人成長ホルモンの値を、なんと男性では13倍、女性は20倍に増加できるのだ（文献7）。

デトックスには我慢が大切

デトックスで最も大切なのは、デトックスは瞬時の変化ではなく過程であることを忘れないことだ。

糖類の摂取をやめることにより、専制君主のように振る舞う大脳辺縁系を、意志決定や感情、知覚の操縦席でドーパミンに富む王座からはずそうとしたら、おそらく抵抗されるだろう。デトックスなどしても何も変わりはしないから、わざわざ努力することはないと主張するかもしれない。しかし、原始的な脳の部位があれこれ言い訳しても、その執拗な声に屈してはならない！

デトックスで最も大事なのは、我慢強くなることだ。第二の脳である腸を修復するためには、多少の不快感は我慢する。長年の悪習慣は数日では断ち切れないのだ。しかし、短期間デトックスしただけでも、報酬は得られる。通常は最初の3日間で、たちまち気分がずっと良くなるのだ。これでヘルシーな生き方を進める準備も整う。

ワン・スピリット・メディスンを受け入れる助けになるサプリ

7日間のデトックス中には次に挙げるサプリが助けになってくれる。服用量がかなり多いものもあるが、それはデトックス中だけだ（サプリとデトックス後のサプリの利用方法は5章「スーパーフード&スーパーサプリ」を参照）。

◉朝（起床時）

ビタミンB12：肝臓のデトックスとDNAを完璧に保護するために必須で、細胞の成長にとっても重要だ。アメリカ人の大半はビタミンB12不足だ。舌下からすばやく吸収され、効果も優れたB12のサブリンガル・メチルコバルミンを2500mcg摂取する。

ビタミンC：デトックスの過程に必須。2000mg摂取する。

ビタミンD3：カルシウムの吸収に必須で、うつ病、認知障害、糖尿病、免疫不全症候群の予防や症状の軽減に役立つ。７日間のデトックス中には５０００iu摂取する。

s-アセチルグルタシオン：生体反応が確かな、初の生物活性型グルタチオンで、フリーラジカルをしっかり清掃してくれる。朝、空腹時に１g摂取する。

DHAとEPA：ドコサヘキサエン酸とエイコサペンタエン酸は、脳の健康とアルツハイマー病の予防に重要なオメガ３脂肪酸だ。魚、ナッツ、種子類、一部のオイルに豊富だが、サプリでの摂取を勧める。３g摂取する。

クルクミン：スパイスのターメリック（ウコン）の主要成分。パワフルな脳内の酸化防止遺伝子を活性化させる。リポソーム製剤を選んで１g摂取する。

トランス・レスベラトロール：赤ワインや赤ブドウに含まれる。脳内の酸化防止機能を活性化させ、計画的な細胞死であるアポトーシスを活性化する遺伝子を管理する。５００㎎摂取する。

プテロスチルベン：ブルーベリーやブドウに含まれ、トランス・レスベラトロールと協力してガンやその他の病気を予防する。２５０㎎摂取する。

プロアライブ・プロバイオティクス：腸内の微生物環境をリセットし、消化を助ける。水に５滴入れて飲む（「ascendedhealth.com」で購入できる）

ココナッツオイル：脳のジェット燃料。朝と午後の中頃にそれぞれティースプーン１杯摂取する。

◉夜（夕食の２時間後）

αリポ酸：脳の組織に入り込んだ重金属と毒素の排除に役立つ。６００㎎のカプセルを１カプセル摂取する。

クエン酸マグネシウム：大腸の動きと不要物の排泄を助け、筋肉をリラックスさせる。500㎎のカプセルを2カプセル、散剤ならティーンスプーン1杯を摂取する。

◉その他のデトックスの助け

入浴、ブラッシング、サウナ

皮膚はデトックスに関与する主要な器官だ。デトックス・バス、スキン・ブラッシング、サウナやスチームバスにより、デトックスの過程をスピードアップすることができる。

デトックス・バスは肌から毒素を排出させる刺激になる。文字どおり、汗で流すのだ。熱いお風呂に入れば汗が出るし、お湯にエプソムソルト（実際には塩ではなく硫酸マグネシウム）を入れれば発汗をさらに促進できる。マグネシウムが吸収され毒素を緩め、汗腺から排出される。エプソムソルトはヘルシーな血行と酸素とミネラルの有効活用を助け、血圧低下と消炎効果もある。さらに、筋肉を緩め、ストレスを軽減するボーナス効果もある。

お風呂にエッセンシャル・オイルを垂らせば、さらにリラックスできる。ラベンダー・オイルには、筋肉の緊張を解く効果があることが証明されている。そのほか単体、または組み合わせでお風呂に加えられるものとしては、ベーキングソーダ、アップルサイダー・ビネガー、ヒマラヤン・ソルトがあり、いずれも肌からのデトックスを助ける。

デトックス・バスには20分間は入浴する。お風呂から出るときには、転ばないように特に注意が必要だ。サウナも毒素の排出に良い。熱気を循環させる一般的なサウナでは、呼吸がしにくくなる人もいるし、遠赤外線サウナほどデトックス効果はない。光のスペクトラムの最極端にある遠赤外線は、実際に肌から2・5㎝ほどの皮膚下まで伝わり、表皮の下の脂肪層から毒素を排出する助けになる。

スチームバスも、デトックスにとっては、ある程度有効かもしれないが、一般的なサウナと同様、皮膚の表層部しか熱しないので、遠赤外線サウナほどのデトックス効果はない。

スキン・ブラッシングも、血行を刺激することでデトックスを助ける。デトックス・バスの前と最中に体中をブラッシングする。健康食品店やオンラインで専用ブラシは買える。常にブラシは清潔に保ち、使用後には完全に乾かす。ほかの人との共有は禁物だ。

◉その他のアドバイス

一日1回か2回、排便するようにする。必要ならハーブの下剤か下剤効果のあるクエン酸マグネシウムを利用する。

デトックス中には肉の摂取を制限し、乳製品は全く摂取しないようにする。

5章
スーパーフード＆スーパーサプリ

頭に入れるものには、充分注意しろ。
いったん入れたら、決して取り出すことはできないのだから。
――トーマス・オゥルシー司教　ヘンリー8世国王について

からだから毒素を取り除き始めたら、次のステップでは食生活に注意する。オーガニックで栄養素に富み、脳やからだが必要とする「情報」の密度が高い食品を選ぶようにする。

「スーパーフード」とは、ブルーベリーやブロッコリーなど、健康効果が特に高い食品のことだ。この章で述べるスーパーフード＆スーパーサプリを摂取すれば、アルツハイマー病やガン、糖尿病などの現代病になる危険を軽減できる。

スーパーフードの多くは、人類の祖先が野生の食べ物として食べていたもので、今でも先住民の多くが主食としているものだ。かろうじて今まで生き残っている狩猟採取民族の間では、自閉症、認知障害、糖尿病、ガンや免疫不全症候群は極めて稀《まれ》か、まったく存在しない。彼らの食生活が太古の時代とあまり変わりないのは偶然ではない。

穀物が主食になる以前の人類の日常食は、ナッツ、ベリー類、フルーツ、野菜、そして少量の野獣の肉だった。だが、狩猟採取民族と比べて現代人の多くは自然からかけ離れてしまった。食べ物を採取しに出かける代わりに、私たちはファーマーズ・マーケットやスーパーマーケットで食料を買う。とはいえ私たちにも、理想的な食生活とその理由を理解し、食生活を古代の暮らしに近いものにすることはできる。

民族学者はずいぶん前に、「初期の狩猟採取民族は狩猟した大型動物の肉を主食にしていた」という考え方を捨てた。数十万年の間、人類にとって狩猟は苦手だったから（巨大な動物を岩で倒したり、野牛の群れを崖から落として夕食にすることを想像してみればよい）、人類は肉類ではなく植物を食べて進化したと、今では考えられているのだ。

初期の狩猟民族も50万年前には槍を発明していたとしても、野性の動物は簡単に人間を踏み潰せるし、狩人の裏もかけた。だから野牛やマンモスの肉が食べられたのは稀だったはずで、普段はほとんど菜食で、タンパク質源はナッツ、種子類、昆虫で、時々魚や小さな野生動物か爬虫類の肉が加わったものだったのだ。偉大なる野性動物が得られた時には、それは神聖な出来事とされた。肉は村全体で分かち合う、聖霊からの恵みと考えられていたのだ。

人類の狩猟を少し上達させたのは5万年ほど前のことだ。しかし、それでも動物は聖なる存在とみなされ、その生命を軽々しく奪うことはなかった。1492年にコロンブスが「新大陸」に来る前には、北米の平原には6000万頭の野牛がのんびり草を食《は》んでいた。だが、1890年までに、その数は米国全体で200

頭ほどになっていた。大きな獲物を狙う白人の狩人により、ほぼ絶滅に追い込まれたのだ。当時は平原を走る列車の後ろから大きな獲物を狙うハンティングが人気で、死体はその場に残され朽ち果てた。

一方、先住民は決してスポーツとしての狩猟は行わず、動物を殺したときにはそのすべてを食料、衣服、紐として利用した。

人類の典型的な食生活が変わったのは、６０００年ほど前だった。畑で働く農作時代となり、人々の食生活は、栽培していた穀物が主食になった。住んでいた地域により、小麦、トウモロコシ、米などが主食となった。こうした穀物はすべて糖分の主要摂取源だ。言ってみれば、グルコースを脳とからだの燃料にするようになったのだ。

狩猟採取民族が収穫して食べていた野生の植物は、食べ物であり薬でもあった。魚や野性動物を獲ったり、家畜を育てて食生活の中心にできるようになったのはごく最近のことだ。

今日ではもちろん、私たちの食卓に登場する肉や魚の多くは、野生でも放牧でもなく、穀物主体の餌を与えられ、無残な環境で飼育されている。養殖の鮭でさえ、トウモロコシを食べさせられているのだ。さらに、私たちが地元の店で買う肉や魚は、ホルモンや抗生物質も日常的に与えられたり、飼料に混ぜられたりしている。

私たちが食べる動物の健康状態にも深刻な懸念があるわけだ。

今では、緑の植物が食生活にとって重要なことは小学生でも知っている。しかし、植物にはバランスの良い食生活以上の情報価値があることには、ほとんどの人が気づいていない。

植物には人間の遺伝子の発現を司令する重要な役割があることを科学者は発見している（遺伝子の発現とは、ＤＮＡが人体を形成するタンパク質をつくる過程を意味する）。植物の遺伝子素材の本鎖であるマイクロＲＮＡは実際に血液の一部として循環し、遺伝子のスイッチをオンにしたりオフにしたりしている（文献1）。こうした顕微鏡サイズの本鎖が私たちのコレステロール値をコントロールし、体内に侵入したウイルスや細菌の破壊を指示しているのだ。

マイクロＲＮＡはソーシャル・ネットワークの達人のように、素早く個々の遺伝子に情報を送っている。健康増進の遺伝子のスイッチをオンにしたり、ガンや心臓病、糖尿病、その他の多くの現代病をもたらす遺伝子のスイッチをオフにするパワーをもっているのだ。

植物主体の食生活にすれば、病気を予防する５００以上の遺伝子を活性化でき、病気をもたらす２９９以上の遺伝子を不活性化できることを発見したのは、カリフォルニア大学医療センターで30年以上臨床研究に携わってきた、予防医学研究所所長のディーン・オルニッシュ医学博士だ。

植物主体の食生活を推奨するオルニッシュ医師のプログラムには、穀物が含まれているが、私が開発した7日間によるデトックス・プランでは、オートファジー（細胞自身がタンパク質を分解する仕組み）のスイッチがオンになるまで血糖値を下げる方法として、穀物を全く摂取しないよう推奨している。

ワン・スピリット・メディスンを受け入れるためのプログラムでは、内臓や体内システムの修復と脳の健康回復を遺伝子に命じるため、朝食は葉野菜のグリーン・ジュースのみとしている。このグリーンとサプリが、脳と体内の幹細胞のスイッチをオンにしてくれる。緑の野菜の多くは糖分も低いので血糖値を急上昇させない。繊維質に富んだ野菜はランチに食べればよい（繊維は糖分の吸収を遅らせ、消化を助け、腸の善玉菌をサポートする）。しかし、赤カブやニンジンといった根菜はグリセミック指数が高く、繊維質は少ないので、デトックス中には避けたほうがよい。

植物の中には植物栄養素に富み、ＤＮＡに上質の情報を届けるスーパーフードがある。植物栄養素とは、植物が悪玉菌や真菌、寄生虫その他の侵略者から自らを守るために持つ自然の複合物で、抗酸化、消炎、その他の薬効のもとになる。私がアマゾンで出会った先住民の社会には現代の四大病であるガン・心臓病・糖尿病・認知症がなかったのも、この植物栄養素のおかげだ。

アブラナ科の野菜のように植物栄養素が豊富な植物、トマト、各種ナッツや種子類は、ブルーゾーンに住む人々の食生活で中心的な役割を果たしている。

「ブルーゾーン」とは、長寿と健康で知られる世界の地域のことで、日本の沖縄、イタリアのシチリア島、コスタリカのニコヤ半島、ギリシャのイカリア島、そして乳卵菜食主義を守るキリスト教の宗派であるセブンスデー・アドベンチストの信者のコミュニティがある米カリフォルニア州ロマリンダなどだ。

概してカラフルなフルーツや野菜ほど、植物栄養素が豊富でスーパーフードとしての効果も高いと考えればよい。植物栄養素はサプリとしても摂取できるが、生きた栄養素を充分に摂り込むためには自然な形で食べるほうが望ましい。

しかし、どんなに食生活に注意していても、植物栄養素は足りていない場合もある。調査結果によれば、スーパーマーケットの市販野菜は、ファーマーズ・マーケットや直売、キッチンガーデンで収穫した野菜と比べると植物栄養素が不足しがちだ。

ファーマーズ・マーケットの野菜にしても、野生のものにはかなわない。『*Eating on the Wild Side: The Missing Link of Optimum Health* 野生を食べる—完璧な健康を取り戻すために』（LITTLE,BROWN AND COMPANY 刊／邦訳未刊）の著者ジョー・ロビンソンの説明によれば、かつてはネイティブ・アメリカンの春のごちそうだった野性のタンポポには、スーパーフードとされているホウレンソウの7倍の植物栄養素が含まれている。ペルーに自生する紫ポテトには抗ガン効果のあるアントシアニン（フラボノイド）が、アメリカのスーパーでなじみのジャガイモの品種であるラッセル・ポテトの28倍も含まれている。野生のリンゴの中には、スーパーマーケットで買えるゴールデンデリシャスの、なんと１０００倍の植物栄養素が含まれている種類もある（文献2）。

ロビンソンによれば、市販の野菜に植物栄養素が少なくなったのは、最も甘く、苦味が少ない植物を農業従事者が自分の畑で栽培したがり、ほとんどの野生の植物に含まれる酸味を交配で取り除いてきたからだ。野菜の一部の苦味や酸味は、病害や寄生虫から自分を守るポリフェノールの割合が高いからだと、今ではわかっている。しかし、農業を始めた人類の祖先は高糖分で低繊維質の植物を好んだ。味が良く、素早いエネルギー源となるからだ。その結果、植物の健康効果は低下し続けたのだ。

菜食で最大限の恩恵を受けるためには、農薬を使用せず地元で栽培された、季節の野菜やフルーツを食べるべきだ。スーパーマーケットの市販野菜やフルーツは「新鮮野菜」とされていても、輸送中に熟するよう、完熟する数日から数週間前に収穫されている。そのために、太陽を浴びて自然に熟せば得られたはずの風味や栄養価が失われている。地元の農業従事者を支援すれば、新鮮な野菜が得られるだけではなく、食品の長距離輸送による二酸化炭素排出の増大という環境負荷も減らせる。

地元で良質の新鮮なフルーツや野菜が入手できない場合の次善策は、ベストな時期に収穫され急速冷凍されたオーガニックの冷凍フルーツや野菜を食べることだ。フルーツや野菜の缶詰は絶対に避けるべきだ。加工食品にはありとあらゆる化学物質や不健康な添加物が含まれている一方で、栄養素は低い。

野生の食材を得られるチャンスがあればいつでも利用すべきだ。野生のタンポポの葉っぱのサラダほど美味しいものはない。

アブラナ科の野菜

スーパーフードの中でも最もヘルシーなのが、ブロッコリー、カリフラワー、キャベツやケールなど、アブラナ科の野菜だ。アブラナ（Cruciferous）科といってもそれは野菜の成分のことではなく、花弁が十字架（Cruciferous）のようだからそう呼ばれている。繊維質、抗酸化成分や植物栄養素に富むアブラナ科の野菜はＮｒｆ２という細胞中のデトックスのシステムを活性化させ、長寿遺伝子のスイッチをオンにしてくれる。

Ｎｒｆ２は内臓を守り、体内組織をガン、心臓病、認知障害、肺の損傷、免疫不全症から守ってくれるパワフルな転写因子のタンパク質だ。細胞の酸化、フリーラジカル、そして毒素や発ガン因子による酸化ストレスを防ぐための最強の防衛メカニズムの役割を果たす。

ちなみに、フリーラジカルは電子をひとつ失った分子で、他の分子から電子を盗もうとするため、炎症やその他の疾患の原因となるのだ。

ブロッコリー：地中海地域原産で、古代ローマの文献にも出てくる。イタリア料理ではおなじみで、米国にはヨーロッパからトーマス・ジェファーソン（第三代アメリカ合衆国大統領）が持ち帰ったとされる。

ブロッコリーは通常は緑色だが、紫色のブロッコリーもある。共に、茎も小花も食べられる。

調理法としては、蒸す、オーブンやグリル、フライパンで焼く。刻んで生でサラダとしても食べられる。スープやキャセロールにもできるが、乳製品や良くない油分を含むクリーミーなスープやチーズ入りのキャセロールは避けたほうがよい。

カルシウム、セレニウム、亜鉛その他の栄養素が豊富で、細胞のデトックスのパスウェイ（シグナル伝達経路）のスイッチを入れてくれる、パワフルな抗酸化因子スルフォラファンも豊富だ。抗ガン効果があり、細胞内の長寿遺伝子の活性化を助けてくれる。

カリフラワー：ヨーロッパとアジアが原産で、普通は白いが紫色やオレンジのカリフラワーもある。栄養素と繊維質満載で、インド料理ではカレーに入れたり、それ自体が植物栄養素のひとつであるターメリック（ウコン）をふりかけてオーブンで焼いたりする。

ブロッコリーと同様、蒸す、オーブンやグリル、フライパンで焼く、生で食べる、またはスープやキャセロールにも向く。

キャベツと芽キャベツ：葉っぱがしっかり重なり頭のようになったキャベツと芽キャベツは栄養素満載だ。実際、キャベツは古代ギリシャと古代ローマではあらゆる病気の治療に使われていた。芽キャベツは葉酸とビタミンA、Cが豊富だが、半生で食べると苦いので、アブラナ科の野菜の中では人気が最も低いのは残念な話だ。グリルにしたり、オーブンで焼けば美味しい。

チンゲン菜：ホワイトキャベツとも呼ばれ、アジア料理ではおなじみだ。6000年ほど前に中国で栽培が始まり、今では北米でも育っている。栄養素豊富で、なんと28種類の植物栄養素を含む（文献3）。そのひとつは卵巣ガンの予防になることも、最近になってわかった（文献4）。ビタミンA、C、K、葉酸やミネラル、カルシウムも豊富だ。チンゲン菜はホウレンソウとは異なり、カルシウムの吸収を妨げるシュウ酸塩はあまり含まないので、良いカルシウムの摂取源になる。生でも調理しても食べられ、グリーンジュースに加えてもヘルシーだ。

ケール：ホウレンソウや小花をつくらない他の緑黄野菜と並び、西欧では非常に人気が高い野菜で、確かにその価値はある。繊維質と植物栄養素満載で、ビタミンC、K、ベータカロチンやカルシウム、マグネシウムの良い摂取源になる。

私は毎朝飲むグリージュースにケールを入れている。最も薬効が高く生命力に富む野菜だからだ。

青みを帯びた色が濃いほど、栄養素も豊富だ。

カラードグリーン：植物栄養素の豊富さでは飛び抜けている。コレステロールを低下させる効果が最も高いアブラナ科の野菜であるという研究結果もあり、ガンや心臓病のリスクを低減してくれる。キャベツ科の最古の野菜で、古代ギリシャや古代ローマでも人気だった。アフリカの奴隷取引に伴い、米国にも渡り、伝統的な南部料理でおなじみとなった。サウスカロライナ州はカラードグリーンを州野菜と宣言したほどだ。

様々な料理に使え、幅広い葉をパンやトルティーヤ代わりにして他の野菜を巻いて食べるのもよい。

マスタードグリーン：葉が赤や緑の野菜で、ルッコラと同様、胡椒のようなぴりっとした風味がある。植物栄養素のスーパースターで、カラードグリーンとケールに次ぐコレステロール低下効果もある。アブラナ科の中では芽キャベツに次ぐガン予防の効果もある。

刻んだ後に5分間ほど放置してから調理すると、栄養素を最大限に引き出せる。

セロリ：ローマ人が栽培していた野菜で、エジプトの墳墓からも見つかっている。寒さに強い植物しか育たない北極圏とアラスカでも、セロリは儀式に使われていた。アメリカ人が茎を食べるセロリは北米で育ちやすいパスカル・セロリだが、ヨーロッパでおなじみのセレリアックは茎ではなく球根を食べる。

ビタミン、特にビタミンK、カルシウムなどミネラルを含み、良い繊維質の摂取源でもある。くぼみにナッツのバターを塗り込めば、ヘルシーなスナックになる。しかし、ナッツや甲殻類と同様、セロリはアレルギー体質の人にとっては深刻な免疫反応、ときにはアナフィラキシーショックを招くことにも注意が必要だ。

植物栄養素に富むその他の野菜

ルッコラ：ヨーロッパでは「ロケット」と呼ばれるスパイシーな葉野菜。免疫力を高める抗酸化成分と植物栄養素を含み、ビタミンA、C、Kも豊富だ。

サラダ用の野菜として人気だが、辛すぎると感じる人は、味がマイルドな他の野菜と混ぜたり、辛味が少ないベビールッコラを食べればよい。ペーストにして、野菜やエビのグリルに塗って食べても美味しい。ペーストはルッコラとオリーブオイルと、これもスーパーフードのひとつであるクルミや松の実と一緒にフードプロセッサーにかければできあがる。

ホウレンソウ：マグネシウム、ベータカロチン、ビタミンCに富み、オメガ3脂肪酸の摂取源にもなる。トマトや芽キャベツと同様、脳の機能にとって重要な役割を果たす抗酸化物質であるグルタチオンの生成に関わる、αリポ酸も供給してくれる。

スイスチャード：最も栄養価の高い野菜のひとつ。血管のように管が走る葉と赤い茎が特徴で、ベタレインという色素を含み、重要な抗酸化成分、抗炎症成分とデトックス支援成分を供給してくれる。スイスチャードの葉には血糖値を制御するフレボノイドである、シリンギン酸も含まれている。

レタス：サラダに最適の植物栄養素。栄養価が高いのは、色が濃く、葉が固く丸まっていない種類だ。他の野菜と同様、調理してもよいし、サラダに加えてもよい。オイルとビネガー、またはレモンとハーブのドレッシングは良いが、通常、糖分や保存料が含まれている市販のドレッシングやクリーミーなドレッシングは避けるべきだ。

ケルプ（昆布）：アジア、特に日本料理で人気の海藻。カルシウムが豊富で、ビタミンC、K、リボフラビン、葉酸の優れた摂取源だ。しかし、塩分も多いので注意したほうがよい。

パセリ：世界で人気ナンバー1のハーブ。飾りつけに使われることが多いが、単なる装飾品ではない。ビタミン豊富なパセリには、毎日の摂取推奨量のなんと5倍以上のビタミンKが含まれ、ビタミンCの良い摂取源にもなる。抗ガン効果もあることはあまり知られていない。肺のガン細胞の増殖を抑制する油分と、タバコや炭火のグリルの煙に含まれる発ガン物質を無害化にする成分が含まれているのだ。

コリアンダー：チャイニーズパセリとも呼ばれ、メキシコ料理に好んで使われるハーブ。
有害な金属と結合する複合物を含むので、デトックスのダイエットには良い。消化器の健康を増進するとみられており、コリアンダーの葉のハーブティーは胃のもたれをすっきりさせるのに役立つ。

バジル：シェフ御用達のヒーリング・ハーブ。伝統的なペーストの主要材料で、他のスーパーフード、特にトマトとは良い組み合わせになる。
タイムと同様、バジルの油分には抗菌効果があり、腸内の悪玉菌を減らす役に立つこともある。バジルには心臓の健康を増進するマグネシウムも豊富だ。

ターメリック（ウコン）：これまでに述べたようなヘルシーな野菜と並ぶ、ワン・スピリット・メディスンを受け入れるためのダイエットの中心的存在が、健康効果の高いスパイス「ターメリック」だ。
カレーには欠かせないターメリックは、デトックスと脳の修復のために重要で、抗炎症効果、抗酸化効果、抗真菌効果、抗菌効果も極めて高い。ターメリックが日常食のインドでは、アルツハイマー病の発生率はアメリカの4分の1以下だ。ターメリックは調理に使うことで最大の健康効果を発揮するが、黒胡椒と混ぜたり、サプリとして摂取することもできる。
カルクマロンガの根から抽出されるターメリックは性欲も高めるとされ、インドやタミール語圏では古来、結婚の儀式に使われていた。ターメリックはサンスクリット語で「ハリドラ」という。ハリドラ・ガネーシャは信者を清め、福をもたらす象頭のヒンズー神ロード・ガネーシャの32の化身のひとつだ。ターメリックはアジア全域で儀式の中心的な役割を担い、幸運、富、繁栄と健康をもたらすスパイスとされている。

土っぽく強い風味を持ち、乾燥させるとディープなオレンジ色に近い黄色になり、生命力を与えてくれる太陽とも関連づけられている。

ターメリックの主成分はクルクミンで、ガンの予防効果、フリーラジカルの削減、心臓、肝臓と消化器の機能を助けるパワーを持ち、コレステロールも低下させる。感染症の治療、また腸内や肌の有害な微生物を削減することでも知られるクルクミンは、ＢＤＮＦ（脳由来神経栄養因子）のスイッチをオンにする遺伝子と、脳で生成されるパワフルな抗酸化物質グルタチオンを活性化させる。

サプリとしてクルクミンを摂取する場合には、一般的な摂取量は一日1gだ。残念ながらクルクミンの体内での吸収率は低く、摂取した量のほんの一部しか吸収されないので、ナノ単位の粒子のリプソーム剤（脂肪基剤）で摂取するのがよい。

ヘルシーな植物油の摂取源として優れているのが、ナッツや種子類だ。ココナッツ、クルミ、アーモンド、亜麻仁には、エクストラ・バージン・オリーブオイルと同様、オメガ3脂肪酸が凝縮されており、コレステロール低下、うつからの解放など、多くの健康効果がある。

ナッツ：クルミが植物栄養素のスーパースターだが、ほかのナッツにも様々な長所がある。アーモンドは繊維質に富み、ブラジルナッツは抗ガン効果のあるセレニウムを含む。カシューナッツには脳を活性化するマグネシウムと鉄分、亜鉛が豊富だ。ピーカンナッツは動脈のプラーク蓄積を防ぐ役に立つ。マカデミアナッツはどんなナッツよりも良質の一価不飽和脂肪を多く含み、コレステロールの低下を助けてくれる。ピーナッツは実際には豆類で、栄養素は豊富だが、避けたほうがよい。ピーナッツアレルギーの人も多く、アレルギー症状が激しい場合には死に至ることもある。

種子類：タンパク質とオメガ3の良い摂取源だ。10種類の必須アミノ酸を含む麻の種子は優れたタンパク質の摂取源で、オメガ3とオメガ6脂肪酸を理想的な比率で含む。ゴマにはカルシウムやその他のミネラルが豊富だ。サンフラワーの種子は健康的な消化を助ける。かぼちゃの種子はコレステロールを低下させるリグナンを含み、胃から小腸への消化管の食物移動をコントロールすることで消化を助けてくれる。

ナッツと種子類は共に、サラダに混ぜたり、野菜料理に取り入れたり、そのままでも食べられる。ナッツと種子類から栄養分を最大限に摂取するには、ローストしていないオーガニックのナッツや種子を選び、カビが生えず新鮮さを保つよう冷蔵庫で保管する。

アボカド：古代の米大陸に住んでいた人々は、アボカドの木になる果実が多くの長所をもつスーパーフードだと知っていた。脂肪分は高いが、敬遠することはない。アボカドの脂肪分は乳ガンのリスクを減らし、腸の栄養素吸収率を高めるオレイン酸など、ヘルシーな一価不飽和脂肪だからだ。

また黄斑変性を防ぐカロテノイドであるルテインの良質な摂取源で、心臓病や脳卒中を防ぐビタミンB群や葉酸も豊富だ。グリセミック指数は低い一方、繊維質が豊富なので、血糖値の抑制にも役立つ。抗酸化物質のグルタチオンの良い摂取源で、αリポ酸が豊富なトマトやホウレンソウと組み合わせれば、細胞の健康を守るパワフルなチームになる。

アボカド、トマト、パセリ、少量のライム、塩、玉ねぎを混ぜたグアカモレは、植物栄養素豊かなメキシコ料理のディップだ。しかし、トルティーヤチップの袋を抱え込むよりは、生の野菜スティックをディップにつけて食べるほうがよい。

ベリー類：ブルーベリーは植物栄養素のロックスター格で、コレステロールと血圧を下げるプテロスチルベンを含み、ガンと認知症から守ってくれる。北米原産の数少ないフルーツのひとつで、米国北東部のネイティブ・アメリカンの日常食だったブルーベリーは、抗酸化成分で知られ、鉄分、セレニウム、亜鉛も豊富だ。野生のブルーベリーはさらに薬効が高い。

ゴジベリー（クコの実）は「ウルフベリー」とも呼ばれ、中国が原産で、昔から長寿の秘訣とされてきた。栄養素がぎっしりで、抗酸化成分はブルーベリーの3～4倍、さらに9種類の必須アミノ酸も含み、肉のようなタンパク質源となっている。クコの実は中国の伝統医学でもおなじみだ。普通は生で食べたり、お茶にしたりスープに入れるが、薬効を得るためには抽出液にすることが多い。

中庸が肝心な食べ物

古代の人類は一年中フルーツが得られるわけではなかったが、古代人のからだは、地元に自生する季節の完熟フルーツを食べることには慣れていた。熱帯気候の地域以外では、フルーツを熟成し、収穫できるのは夏の終わりだった。

進化という観点からみれば、細胞に糖分の吸収を命じるために膵臓が分泌するホルモンであるインスリンの役割は、狩猟採取民族だった私たちの祖先が長い冬の間にエネルギーを補給できるよう、体内に蓄えられていた果糖を脂肪に変えることだった。

しかし、現代では食べ物が不足する長い冬は存在しないので、私たちの体内は、おなかに余分の脂肪分を抱え込んだままになりがちだ。人間のからだは季節はずれのフルーツを大量摂取できるようには進化していないので、食べすぎればインスリンのシステムが乱れ、ときには危険な状態まで血糖値が急上昇する。だから、フルーツの摂取には中庸が肝心だ。また血糖値を急上昇させず、繊維質の利点をフルに享受できるよう、ジュースではなくフルーツのまま食べるのがよい。

季節はずれのフルーツがどうしても食べたくなったら、冷凍のブルーベリーや少量のドライフルーツ、乾燥ベリー、乾燥チェリーやレーズンをサラダにふりかけてみるのはどうだろう。

ジュースは避けるべきだと書いたが、その例外は朝の野菜ジュースだ。すでにミックスされた市販のグリーンジュースは避けたほうがよい。そのほとんどは単なるフルーツジュースに少量のケールやホウレンソウを混ぜてグリーンにしただけだからだ。だが、新鮮な葉野菜を使ってグリーンジュースを作れば、ビタミンの効果も長続きさせることができ、病気をもたらす遺伝子のスイッチをオフにし、長寿遺伝子のスイッチをオンにする成分など、微量栄養素がしっかり摂取できる。グリーンジュースの苦味に慣れるまでは、少量の冷凍ベリーを混ぜると飲みやすくなるかもしれない。

デトックス中には、アボカド、ナッツ、種子類と卵（アレルギーでない場合）が、「ビジョン・クエスト」の準備としての良いタンパク質摂取源になる。デトックス中には牛肉など赤い肉は避けるべきだが、その後、第二の脳である腸がアップグレードできたら、赤身の肉は適量なら食べてもよい。魚と赤身の肉は完全なタンパク質で、9種類の必須アミノ酸をすべて含んでいる。

しかし、どんな肉でも構わないわけではない。放牧で育った最もクリーンな牛肉や鶏肉を選ぼう。ほかの動物と共に放牧され、自然な植物ベースの飼料で育った食肉にはオメガ3脂肪酸が豊富だ。しかし、赤身の肉の摂取は週に一度に制限しよう（私自身は赤身の肉は食べなくなったが、健康への悪影響はない）。

魚を食べる習慣がなければ、習慣にしよう。缶詰の魚しか入手できなくてもだ。人類の祖先はアフリカの草原地帯から湾岸に移住し、魚と軟体動物を食生活に取り入れた。世界中の文明が海や湖、川の周辺で繁栄した。皇帝や長官や高僧たちは、貝類、軟体動物、魚を食べていたが、ピラミッド建設の従事者たちは小麦とパンを食べさせられていた。しかし、今日では魚介類が多く棲息する海の近くの住民なら、誰でも魚が食べられるし、サーディンの缶詰を開けることもできる。

オメガ3必須脂肪酸ＤＨＡが豊富な魚はワン・スピリット・メディスンの体験に備える人にとっての、優れたブレインフード（脳機能改善食品）となる。しかし、養殖魚は避けよう。野生の魚なら決して食べることがない大豆や穀物で育てられ、さらに抗生物質や色を鮮やかにするためにサプリもたっぷり与えられているからだ。アラスカの野生の鮭やイワシ、ニシンのような、特に冷水で育った野生の魚は有毒物汚染度が低い。しかし、大型の魚ほど水銀汚染度が高いので、マグロやカジキマグロは避けよう。

ＤＨＡに富む魚油は米北西部太平洋岸のネイティブ・アメリカンに特に珍重され、貨幣代わりに取引にも利用されていた。特に「キャンドルフィッシュ」と呼ばれる魚は油脂分が豊富だ。この魚を乾燥させ、その口に芯棒を差し込んで火をつければ、キャンドル代わりになったから、その名がついたのだ！

発酵食品

発酵は古代から伝わる食物加工法で、その歴史は少なくとも紀元前８０００年に遡る。発酵食品は世界中にある。発酵しやすい善玉菌を利用した発酵食品の身近な例は、ワイン、ビール、サイダー、パン、チーズ、酢などだ。発酵食品には腸を修復し、重金属などの毒素をからだから排出するのに役に立つ重要な酵素とプロバイオティクスが含まれている。

私が好む発酵食はピクルス、ザワークラフト、味噌汁だ。インターネットでも発酵食品を使った素晴らしいレシピや、発酵食品の作り方のビデオをたくさん見ることができる。自分で発酵食品を作る場合には、悪玉菌による汚染を防ぐよう、きちんと作り方の指示に従うことが必要だ。

人類の祖先にとっては、発酵は食物の保存法であり、かつ自然の菌を利用して糖分を乳酸に変え、食物の健康効果を最大限にする方法でもあった。

栄養価が高い食物を研究し、情報提供しているウエストン・A・プライス財団のサリー・ファロンとG・イニグ博士は発酵の機能を次のように説明している。

野菜やフルーツのでんぷん質と糖分は多くの種類の乳酸生成菌により、乳酸に変換される。こうした乳酸菌は偏在し、すべての生物の表面に存在し、特に地中や地表近くで育つ植物の葉や根には無数に存在する。人類はそれをうまく管理して増殖させ活用する方法を学べば良いのだ。イースト菌を使ってブドウの果汁の糖分をアルコールにしてワインをつくったのと同様だ（文献5）。

抗生物質と「プレバイオティクス」と「プロバイオティクス」

アメリカ人は過去数十年間、抗生物質を使いすぎてきた。抗生物質は人の体内の微生物環境を荒らすが、抗生物質が含まれていない肉や鶏肉、乳製品を探すのは難しくなってしまった。豚、鶏、牛は混雑した飼育環境で健康を保つために日常的に抗生物質入りの飼料を与えられているから、私たちは食生活で抗生物質を摂取してしまっていることになる。

私たちの第二の脳である腸をアップグレードするには、抗生物質による副作用からの回復を助け、未来の打撃から防いでくれる、プレバイオティクスとプロバイオティクスが必須だ。

プレバイオティクス：腸の微生物環境を改善する。アブラナ科の野菜は善玉菌が喜ぶ繊維質を多く含み、善玉菌の繁殖を助ける格子となってくれるので、「プレバイオティクス」と呼ばれる。脳をアップグレードして最高の脳力を維持するには、植物繊維を大量に摂取するか吟味する必要がある。繊維質は水分を吸収することにより消化管の食べ物の通過をスムーズにし、便を柔らかくし排泄を容易にしてくれる。

プロバイオティクス：消化を助け有害な微生物から腸を守ってくれるヘルシーな微生物だ。私たちは庭いじりの最中に土ぼこりを吸い込んだり、犬や猫を撫でたり、誰かと手をつないだりするが、こうした自然な暮らしの中でも、プロバイオティクスをある程度は摂取している。実際、ヘルシーな微生物を摂取する方法はいくらでもある。土を洗い流す前のオーガニックの野菜やフルーツに触ったり、湖や川で泳いだり……。小さなコインくらいの大きさの1gの土には、400億以上のプロバイオティクスの善玉菌がいる。ワン・スピリット・メディスンを受け入れるために腸をアップグレードするには、もっとアウトドアで活動すべきなのだ！

日常生活で充分なプロバイオティクスが得られていないと感じるなら、サプリで摂取することもできる。ベストな商品は、私の友人で微生物学者のコンプトン・ロム・ベーダが世界の長寿地域5箇所から集めた「スマート」プロバイオティクスだ（「ascendedhealth.com」で購入できる）。生体が摂り込みやすいコンプトンのプロバイオティクスなら、数週間で腸の微生物環境を一新できる。善玉菌が死んだり不活性化したりしている一般の市販商品ではもっと時間がかかるし、概してあまり効果はない。

栄養サプリ

ワン・スピリット・メディスンを受け入れて、その恩恵を維持するためには、食習慣の改善が欠かせない。しかし、地元の畑から届いたばかりの新鮮な地産の生鮮食品が得られない場合には、私が推奨したすべてのアドバイスに従うのは難しいだろう。栄養サプリを利用すればデトックスの近道だし、腸を修復し、脳に優しい食生活も維持できる。

前章でも多くのサプリに触れたが、それは7日間のデトックス・プログラムの最中の場合に関してのみだった。この項では、そうしたサプリを日常生活でどう活用できるかについて述べていこう。

サプリが第二の脳である腸に果たす役割はその種類ごとに異なるが、脳と内臓を修復し、再生させる働きであることには変わらない。サプリを利用するときには必ずかかりつけの医師に相談し、また自分のからだの声も聞こう。適切な摂取量は人によって若干異なるし、季節によっても変わる。どう感じるか、自分のからだの囁《ささや》きに注意を傾けることが大切だ。

DHA：ドコサヘキサエン酸（DHA）は脳の健康に極めて重要なオメガ3脂肪酸で、実際、脳の40%を占める。母乳の50%近くもDHAだ。DHAはもうひとつのオメガ3脂肪酸であるエイコサペンタエン酸（EPA）と密接に協力して働く。共に魚、ナッツ、一部のオイルに含まれる。人体はDHA-EPAを生成できないので、魚油か海藻を抽出したサプリを一日3g摂取することを推奨する。ベストなDHAはオキアミの魚油だ。普段の食生活でDHAを豊富に摂取すれば、アルツハイマー病にかかる危険が85%低下できるという研究結果もある（文献6）。

ALA：αリポ酸（ALA）はからだ中の細胞にあり、デトックスに重要な役割を果たす。ALAは血液と脳の壁を越えられるので、脳から毒素を排出する助けになるのだ。キレート化と呼ばれる過程で、ALAは重金属を結合し、肝臓や腎臓、皮膚から排出できるようにする。また、デトックス中に毒素を排出する肝機能も助ける。

一日に300mg摂取する。

ターメリック（ウコン）：スーパーフードと特定されているこのスパイスは、スーパーオキシドジスムターゼ（SOD）とグルタチオンのレベルを増加させる。6章「死に向かう体内時計をリセットする」で詳細を説明するが、共に脳の機能に重要な抗酸化物質だ。

摂取量はターメリックの有効成分のクルクミンの錠剤を一日1g、またはリポソーム状ならその半量でよい。

トランス・レスベラトロール：赤ワイン、赤ブドウの皮、一部のベリー類に含まれる化合物で、長寿遺伝子のスイッチをオンにし、抗酸化物質の生成を触発する。レスベラトロールは脳のスーパー抗酸化物質であるSODとグルタチオンも増やす。

推奨摂取量は一日500㎎だ。

プテロスチルベン：ブルーベリーやブドウに含まれ、コレステロールとグルコース、血圧を低下させることが証明されている。プテロスチルベンとトランス・レスベラトロールは協力しあって、ガン、心臓病、糖尿病その他の病気を防ぐ。トランス・レスベラトロールは計画的な細胞死、いわば細胞の自殺であるアポトーシスを活性化する遺伝子をコントロールする一方、プテロスチルベンはガン細胞の成長と増殖を許す遺伝子のスイッチをオフにする。

推奨摂取量は250㎎のカプセルを一日1カプセルだ。

ビタミンB_{12}：肝臓のデトックスと、ニューロンの周囲のミエリン鞘《しょう》の修復に必須だ。細胞と神経伝達物質の生成を司るDNAの完全性の維持にも重要だ。しかし、多くのアメリカ人はビタミンB_{12}不足だ。より生物活性の強い舌下吸収のメチルーコバラミンを1週間に2000㎍摂取する。7日間のデトックス中には一日2500㎍を私は推奨している。

ビタミンC：デトックスの全過程で必須。一日１g摂取する。

ビタミンD_3：太陽光に照らされると人体が生成するビタミンDの一種だが、長時間外で過ごしても充分な量のビタミンD_3は得られにくい。ビタミンDの摂取源はほぼ魚と魚の肝油のみだが、卵の黄身、ビーフのレバー、栄養分を補強した牛乳、チーズにも少量含まれている。ビタミンD不足は季節的なうつ病、老尿病、認知障害、免疫不全症とも関連づけられている。ビタミンD_3を６００IU以上摂取する人はそうでない人と比べると、認知症やアルツハイマー病の罹患率が50％低いとする研究結果もある（文献７）。

推奨摂取量には幅があるが、最近の研究の中では、ビタミンDの識者であるマイケル・ホリック医博が、成人の治療目的の摂取量は一日８００～１０００IU、最長５か月間で最大で１万IUとしている（文献８）。

S-アセチル・グルタチオン（A-GSH）：生体反応が確かな、初の生物活性型グルタチオンで、フリーラジカルをしっかり清掃してくれる。ＤＮＡを損傷から守り、エネルギー代謝とミトコンドリアの機能を最高にするために極めて重要だ（文献９）。肝臓、肺、腎臓、その他の内臓のデトックスも助けてくれる（文献10）。

一日２００mg摂取する。

ココナッツオイル：栄養サプリではないが、脳のジェット燃料だ。中鎖トリグリセリドで、インスリンを急増させずに腸の壁を抜けて細胞内のミトコンドリアに入れる。一日テーブルスプーン２杯摂取する。朝にテーブルスプーン１杯と、午後か夜にテーブルスプーン１杯だ。スープやお茶に入れてもよい。

栄養サプリはパワフルな薬だから、その使用には注意が必要だ。私たちはすでに、腸ではうまく吸収されないビタミンやミネラルをたくさん摂取しすぎている。サプリでデトックスを自然にサポートする場合には、91ページのガイド「ワン・スピリット・メディスンを受け入れる助けになるサプリ」を参照してほしい。

第Ⅲ部

忍び寄る死を克服する

6章
死に向かう体内時計をリセットする

大きな溝を2ステップで飛び越えようとするほど、愚かな間違いはない。
――デビッド・ロイド・ジョージ英国首相

人体は個人の長寿ではなく、生殖で子孫を残すことを目的としてプログラムされている。母なる自然は人類が絶滅しないで増殖することを望んでいる。だから、種族として人類は不滅でも、個人には死が訪れるのだ。

人体のシステムの一部は、35歳くらいから機能低下し始める。筋肉をつくり、肌の若々しい張りを保ち、フリーラジカルを食べてくれる成長ホルモンの分泌が止まるのだ。肌にはシワができ始め、体調を崩せば、若い時のようにすぐには回復しなくなる。そして、夜遊びの定義は、夜11時まで起きていることを意味するようになる。

カリフォルニア州オークランドにあるオークランド小児科医療研究所所属栄養代謝センター所長のブルース・エイムス博士によれば、私たちのからだは、ときには目前のサバイバルのためには後年の健康を犠牲にするようにできている。そのため、体内に摂取されたビタミンとミネラルはまず、目前のサバイバルに向けた生殖に必要なタンパク質に利用され、高齢化に伴う病気の予防や長期的な健康に欠かせないSIRT1といった長寿タンパク質には利用されない。

実際、欧米人も世界の大半の人々も、一種類または数種類のビタミンとミネラル不足になっている。貧困層ではその主な要因は栄養不足だが、富裕層では腸が損傷を受けていて、ビタミンやミネラルをうまく吸収できないことが原因だ。

肝臓には通常、数年分のビタミンB_{12}が貯蔵されているが、食べ物からB_{12}をうまく吸収できなければ、この必須ビタミンが不足することになる。

先住民は、「若者は若さを無駄にする」という格言の意味を理解していた。先住民は青春期の美しさや強さ、忍耐力と同様に、老いたことで得られる叡智も尊ぶ。長老のアドバイスを尊重するのだ。先住民にとって、知識とは書物にあるものではなく、長老の記憶の集合だ。私たちが大学の図書館を保護するように、先住民は知識の生き字引を守る。

アマゾンのシャーマンは、生化学用語では説明できずとも、長寿タンパク質のスイッチをオンにし、ストレスや目前のサバイバルのために損傷した長寿遺伝子を修復する方法をすでに見つけている。細胞内から毒素やゴミを排除し、細胞が利用できるかたちに食物を変換してくれる力の源、つまりミトコンドリアを修復できる植物を発見したのだ。長寿遺伝子のスイッチをオンにするには、まずミトコンドリアの修復が必要なのだ。

もちろん、石器時代に生きた人類の祖先は、ミトコンドリアが何なのかを知る由《よし》もなかったから、老化や機能の低下を防いでくれるものを、単に「女性性の生命力」と呼んだ。今日では科学がその生命力の謎を少しは解き明かしてくれている。

ミトコンドリアは細胞内の小さな糸状の組織で、炭水化物をエネルギーに変換する。この過程が、メタボリズムだ。ミトコンドリアがどのようにして人間の細胞の発電所になったのかについては、議論が分かれている。ミトコンドリアは地球上に初めて現れた酸素吸入生物から進化したという説もある。

数十億年前の地球では、原始的な菌類が、他の菌類や化学物質を豊かに含む原始のスープともいえる海洋から、必要な栄養素を摂取していた。そうした食べ物の供給が減ると、最初の青緑の海藻が出現した。生き物は新たな食物源と太陽を得て、太陽光を燃料に変換する方法を発見した。

つまり、いわゆる光合成だが、これは生物にとって画期的な進歩となった。どんな生き物も太陽光を浴びられさえすれば、光合成で豊富な栄養源が得られるからだ。

しかし、緑の生物は極めて有毒な副産物も排出した。それが酸素だった。大気中に浮遊するほとんどの酸素は岩石が吸収したが、岩石が酸素で飽和状態になると、大気中の酸素のレベルは急上昇した。当時、酸素を吸う生き物はほとんどいなかったので、地球の生き物は絶滅の危機に瀕した。

その例外が、ミトコンドリアだった。唯一、酸素を吸うミトコンドリアが、地球上で最も繁栄した生き物となったのだ。

多細胞の生物が進化し、ミトコンドリアは植物や動物の体内に侵入し、その寄生先の細胞と調和のとれた共存を楽しんでいたが、やがてミトコンドリアは細胞の中に入り込んだ。暖かくて安全な環境を得る代わりに、細胞に燃料を供給するようになったのだ。

ミトコンドリアは人類とは異なる独自のＤＮＡを持つ。人類のＤＮＡは二重の螺旋構造だが、ミトコンドリアのＤＮＡはパールの連鎖に似ている。人類は2万４０００を超える遺伝子を持つが、ミトコンドリアの遺伝子は38のみだ。しかし、その38の遺伝子が、何といっても極めて重要なのだ。

ミトコンドリアは、代謝によって酸素を生命に必要な燃料に変換する体内の燃料工場であるだけではなく、アポトーシスという計画的な細胞の死、つまり細胞の自殺の過程をコントロールする。死に向かう体内時計の番人でもあるのだ。この死に向かう体内時計がきちんと機能していれば、古くなった細胞は死んで新しい健康な細胞と交代すべき時を知る。

しかし、この時計が機能しなくなると、細胞は死ぬ必要があるとは気づかずに増殖する。その結果がガンとなる。逆に、正常な細胞が早々と死んでしまえば、老化が加速されることになるのだ。

生命の燃料

ミトコンドリアのＤＮＡは、母親の遺伝子により子供に受け継がれる。だから、先住民が認識していたように、世代から世代へ受け継がれる女性性の生命力といえるのだ。太古の昔にミトコンドリアと協力することで細胞が繁殖できたように、この女性性のパワーを修復し育てれば、現代人のからだも活性化できる。

ミトコンドリアは私たちの健康の鍵を握るだけではなく、ワン・スピリット・メディスンを体験するのに必要な、高度な神経網をつくるための燃料を供給してくれる。

その燃料がＡＴＰ（アデノシン三リン酸）だ。ＡＴＰはからだの通貨だ。人のからだの細胞はＡＴＰを必要なだけ消費し、残りは様々な体機能で必要になるまで、肝臓を保管庫として貯蓄する。

ＡＴＰを生成するために、ミトコンドリアは酸素を燃焼する。車のエンジンが酸素を燃焼しガソリンからエネルギーを引き出すようなものだが、もちろんそれほど爆発的ではない。私たちが息を吸うと、酸素が血流を通してからだ中の細胞内のミトコンドリアに運ばれ、その働きで、食べ物からのエネルギーがＡＴＰに変換される。


働き者で健康なミトコンドリアが存在しなければ、すべての細胞が危機に陥る。ガン、心臓病、線維筋痛症や慢性疲労症候群からパーキンソン病、認知症、肝硬変、偏頭痛まで、現代人がかかる２００以上の疾病が、ミトコンドリアの崩壊と関連づけられている。

ミトコンドリアは毒素によって簡単に損傷を受けるが、そうした毒素の中には薬剤も含まれる。

現代医療を再検討した自然療法医のジョン・ニュースタッド医師と精神科医のスティーブ・ピーゼニク医博は、「近年みかけるミトコンドリアの損傷の大きな要因は治療薬で、薬剤の服用で様々な副作用が出るのもそのせいかもしれない」としている。向精神薬は全種類、またスタチン薬やアセトアミノフェンといった鎮痛剤、その他の多くの薬剤がミトコンドリアを損傷させることもわかっている（文献１）。

健康なミトコンドリアは脂肪も摂取するが、損傷を受けたミトコンドリアは糖分しか摂取せず、健康なものより早く繁殖する。ミトコンドリアが不足したガン細胞は糖分を摂取するので、炭水化物を食生活から追放すれば、ガンとの闘いや予防がしやすくなると科学者はみている（文献2）。

ミトコンドリアが損傷を受けると、メタボリズムがスローダウンする。からだは脂肪を燃焼させる方法を覚えていないので、体重は減らない。体内に蓄積された脂肪は毒素の貯蔵庫となる。そのために、気が滅入ったり、疲れたり、概して調子が悪くなりがちだ。エネルギーがガタッと落ちたと自覚するから、素早い解決策として栄養強化のパワーバーに手が伸びがちだが、それが糖分に飢えた腸内の細菌に餌を与えることになるので、血糖値は上がり、事態はさらに悪化する。そうなれば炎症が起こり、酸化によりストレスも悪化し、さらに多くのミトコンドリアが損傷を受ける。

細胞死が計画的に行われなくなれば、細胞内に欠陥のあるミトコンドリアが蓄積し、老化が加速する。損傷を受けた細胞の増殖が止まらなくなり、腫瘍を形成する。脳細胞は老化し始めるか、または死に絶え、脳の部位が損傷を受ける。細胞死を管理するアポトーシスの体内時計がきちんと動いていなければ、その犠牲になるのは健康や寿命だ。

オートファジーやミトコンドリアのリサイクル

脳を修復するには、病んだミトコンドリアを排除し、生き生きとした力強いミトコンドリアを支援しなければならない。

人体には細胞内の廃棄物を分解するゴミ収集システムがあり、ギリシャ語で「自食」を意味するオートファジーと呼ばれている。死んだミトコンドリアや損傷を受けたミトコンドリアのアミノ酸はこの過程でリサイクルされ、新しい細胞の構築材として再利用される。

オートファジーを作動させるのが、有酸素運動だ。運動で酸素を消費することにより、弱まったミトコンドリアを死なせ、より元気なミトコンドリアの成長を促す。

ミトコンドリアのリサイクルを加速させるもうひとつの方法が、デトックスだ。そして、食生活で植物栄養素を豊富に摂取すれば、ミトコンドリアを修復する細胞内の抗酸素マシンのスイッチをオンにすることができる。

最も楽に最も効果的にオートファジーの活躍を支援する方法が、断食だ。夕食から翌朝の朝食までの間は何も食べないようにするだけの短時間の断食でも、からだは修復モードになる。断食はからだをケトーシス状態に移行させる。つまり、ミトコンドリアの栄養摂取源のスイッチが、グルコースではなく、体内に貯蔵されていた脂肪に切り替わるのだ。

人体は進化の過程で、体内に脂肪を貯蔵し、あとで必要に応じて利用できるようになった。人類の祖先は、魚が釣れたり季節のフルーツが収穫できる機会まで断食を余儀なくされるから、食べられるときにたくさん食べた。脂肪を燃焼できるようスイッチを切り替えられるようになったことで、食べ物が不足する厳しい冬も生き延びやすくなったのだ。

しかし、私たちのように穀物や糖分を摂取し続けていたら、インスリンのシステムのスイッチがオンのままになるので、ミトコンドリアはそのスイッチの切り替えができない。脳内のミトコンドリアがその燃料源を脂肪に切り替えられるよう、インスリンのシステムをシャットダウンさせる必要があるのだ。炭水化物燃焼マシンから脂肪燃焼マシンにからだの仕組みが切り替わると、脳のもやもやは消え、体重も減る。

普段からアボカド、ココナッツオイル、オリーブオイルといったヘルシーな脂肪を摂取していれば、からだがグルコースではなく脂肪を燃焼させなければならなくなったときに、肝臓が脂肪酸からケトンというかたちで分子を引き出し、それが脳と心臓の燃料になる。ケトンは糖分と比べて何倍も効率が良い燃料だ（文献3）。

しかし、私たちが炭水化物を摂取した場合には、即座にインスリンのシステムが稼働し、ミトコンドリアは糖分をまず摂取するようになる。それで満腹になるから、あとは摂取しなくなるのだ。

余分な糖分はどこかに行かなければならないから、膵臓がインスリンを分泌して、それを利用してくれるはずの細胞に運ぶ。しかし、細胞にはすでに充分なグルコースがあるから、デザートを拒否するように、その配達を拒む。とはいえ、美味しいチョコレートケーキを無駄にするわけにいかないのと同じで、からだはグルコースを脂肪として貯蔵する。そうなると、インスリンのシステムをオフにして脂肪を燃焼させるエンジンをオンにすることはできなくなり、廃棄物とゴミは細胞内に蓄積し、ミトコンドリアの損傷を引き起こすのだ。

高血糖が慢性化すると、糖尿病予備軍になる。糖分を吸収しきれず、細胞はその粘膜にあるインスリン受容体の数を減らし、その結果「インスリン抵抗性」が生じる。しかし、膵臓は血中に糖分が蓄積されていることを認知し、さらにインスリンを分泌し続ける。その結果、炎症や細胞の損傷が起こる。

炭水化物を大量に摂取し、おなかのまわりが膨らみ、体重が増え、血糖値の変化と関連づけられる気分変動や脳のもやもや感を感じている人には、すでにインスリン抵抗性が生じ、ミトコンドリアに損傷が起きていると考えられる。

食生活から穀物と糖分を減らし、植物性の食べ物とヘルシーな脂肪分、低炭水化物からなるケトン誘発型のダイエットに切り替えれば、膵臓過剰分泌を促す圧迫を減らし、インスリン・システムを沈静化させることができる。

すると、オートファジーが発動して、細胞に溜まった毒素を排出してくれる。死んだミトコンドリアは、再使用可能な構築材にリサイクルされる。こうして体内システムは正常に戻る。

このシステムが乱れると、ごみ収集業者にストライキを起こされた都市のような状況になる。まず、キッチンにゴミが溜まり、次に通りのゴミ容器に溜まり、やがて街中にゴミが溢れる。夜中のニューヨークを歩いていて、通りのあちこちに大きなゴミ袋が積み上げられていたのを、今でも私は覚えている。早朝までには消えていたが、ゴミ収集車が来なかったらどうなることだろう？

人体がインスリン・システムのスイッチをオフにしないと、細胞のゴミ収集もストップしてしまう。毒素が蓄積し、ミトコンドリアを損傷させるから、クリーンな燃料の燃焼が起こらず、フリーラジカルが大量に増え、さらにミトコンドリアを損傷させてしまう。

私たちは毎晩、眠っている間には断食している。ワン・スピリット・メディスンを受け入れるための断食では、一日8時間以上インスリン・システムを休ませておくために、夕食と朝食の間の時間を長くする。

しかし、一般的には一度に19時間以上、フルーツを含む糖分と炭水化物の摂取を断つ必要はない。脳の修復は素早く起こり、脳のもやもや感は消え始める。イスラム教の最も聖なる儀式で1か月にわたって断食するラマダンでさえ、イスラム教徒が断食するのは毎日日の出から日没の間のみだ。断食している間、水をたくさん飲み、激しい運動を控えるかぎりは、飢餓すら感じないかもしれないし、感じても苦痛にならないほど穏やかな飢餓感だろう。

飢餓を感じるのは良いことなのだ。グルコース代謝システムからケトン体代謝システムに切り替わり、脳が脂肪を燃焼させ始めたという印《しるし》だからだ。

糖分を主な栄養素とする大脳辺縁系が、「すぐに砂糖がけのドーナツを食べないと死んでしまうぞ」と脅しにかかるかもしれない。しかし、それに負けてはならない。食べなくても40日間はやり過ごせる燃料備蓄が体内にあることを思い出し、脳が辿る機械的な過程をただ観察すればよい。ただし、40日間も断食することは推奨しない。

酸化ストレスとフリーラジカルの活動を減らす

ミトコンドリアは酸素を使ってグルコースや脂肪を燃焼させ、体力となるエネルギーを生産する。しかし、中古車がガソリンを燃焼させると排気口から黒い煙が排出されるように、代謝の効率が悪いためにクリーンな燃焼ができない人体は、「フリーラジカル」と呼ばれる副産物を出す。

前にも書いたが、フリーラジカルは電子をひとつ失い不安定化した酸素の原子で、安定化するために、近くの分子から電子を盗む。その分子がフリーラジカルになる。

フリーラジカルによるからだの総負担は、「酸化ストレス」と呼ばれる。ある程度のフリーラジカルができるのは正常で、それは必要でもあるが、酸化ストレスが過剰になり損傷した細胞が増えすぎると老化が進み、病気につながる。

環境中の毒素によりミトコンドリアが損傷を受ければ、状況はさらに悪化する。最も危険なのは農薬で、侵襲性の害虫のミトコンドリアを破壊するよう造られているから、植物にしっかりくっつき、雨が降っても簡単には流れ落ちない。損傷を受けたミトコンドリアは、健康なミトコンドリアより多くのフリーラジカルを生む。そのフリーラジカルが脂肪、タンパク質、さらには私たちの細胞核の中のＤＮＡまで損傷させる。この酸化ストレスは悪循環を招く。

糖分と加工穀物を多く摂取する食生活は、フリーラジカルを増やす。パスタやフライドポテト、シリアルやチョコレートケーキには死を招く危険があることも、これでわかるだろう。からだに酸化ストレスがかかるほど、フリーラジカルによる損傷を減らす必要があるのだ。

ベリー類といった食物から抗酸化物質を得ることもできるが、からだ中を巡回している数十億のフリーラジカルの影響をなくすには、一日に18kgものブルーベリーを食べる必要がある。

しかし、幸運なことに、人体も抗酸化物質を生産している。アブラナ科の野菜のような植物を食べれば、強力な内因性の抗酸化物質を製造する細胞の自然な機能を助けることができる。毒になる食物の摂取をやめてヘルシーなオーガニックの食品を食べるようにすれば、第二の脳である腸の主なストレス源となる炎症と酸化を減らすことができる。

炎症

局地的な炎症は自然で正常な免疫反応だ。転んで膝を擦ったら、血流が白血球と血漿《けっしょう》を負傷した部分に届け、それがバクテリアのような外敵を取り囲み、無害化して排泄する。

しかし慢性的な炎症は、からだの生化学的均衡を阻害する。免疫システムが、健康な細胞や組織を外敵と間違えて攻撃し始める。こうした結果として起こるのが、心臓病やリウマチ性関節炎、糖尿病、多発性硬化症といった免疫不全症候群だ。慢性の炎症は海馬など脳内の重要な構造に損傷を与え、パーキンソン病、アルツハイマー病やＡＤＨＤなどの原因となる。

海馬と神経網の修復

酸化ストレスと炎症を減らせば大脳辺縁系の一部である海馬の修復になる。シーホース（タツノオトシゴ）のような形をしていることから「海馬」と呼ばれるこの脳の部位は、側頭葉内側の奥に存在する扁桃体と共に、怒りや恐れといった感情的な反応を調整する。

海馬は学習とも関係する脳の部位で、楽器を学んだり、健康や長寿のためになる食べ方を学んだりといった、新たなスキルを習得するために必要な部位だ。だから海馬が損傷していると、学習がストップし、好奇心や人生への情熱も消え失せてしまう。

海馬は記憶にも関係し、海馬が損傷すると長期的な記憶はそのままでも短期的な記憶が不完全になる。だから、認知症にかかった人は、遠い昔のことは覚えていても、2週間前や10分前のことが思い出せなくなったりするのだ。

海馬には時間の認識がないので、今日起きたことと、20年前に起きた似たような出来事の区別がつかなくなったりする。会ったばかりの人が何年も前の恋人との出来事を思い出すきっかけになり、それで会話が続かなくなるということもある。海馬は過去の出来事だけではなく、昔取った態度や使い古しの考え方や感情とも関係している。海馬が損傷を受けると、過去の痛ましい状況や、痛ましい気分、感情を何度も繰り返し体験することになる。

数年前、友人の結婚式に招かれたときのことだ。彼にとっては5度目の結婚式だった。それを彼に忠告すると、彼は「今度こそ違う」と言った。友人はまた新たな結婚で、自分の海馬を修復しようとしていたのだ。あまり実用的な脳の修復法とは言えないだろう。「正しい相手を探し続けるのはやめて、自分が正しい配偶者になる努力を始めるべきだ」と私は彼に言ったが、その忠告はあまり歓迎されなかった。結婚式から半年後、その友人から、「離婚することになった」と電話があった。自分は残酷で思いやりのない女性と結婚したと悔やみ、なぜ止めてくれなかったのかと、彼は私に腹を立てていた。私は、学者で神話研究家のジョーゼフ・キャンベルが言った言葉を友人に伝えた。

「教訓を学び損なえば、その失敗と結婚することになる」

そして私は、「自分の海馬を修復しないかぎり、同じような配偶者を求め続けて、出会い続けることになるよ」と友人に忠告した。

海馬が損傷を受けると、世界は危険なところで、今にも危険が迫っているかもしれないという信号を扁桃体に送る。そうなると、からだは危機管理体制に入り、サバイバル反応が起こる。海馬が癒されると、以前は危険としか受け取れなかった状況にも、チャンスが見いだせるようになる。私の患者の中には、誰もが将来性なしとみなしていた企業に投資して、大金持ちになった人もいる。

海馬はセラトニンの分泌を増やし、脳の幹細胞の生成のスイッチをオンにすることで癒せる。脳は新たなニューロンを成長させることはできないと、20年ほど前までは信じられていたのだが、今日ではたった6週間ほどで脳は新たなニューロンを生成し、新たな神経網を形成し、新しい視点で人生を見られるようになることがわかっている。配偶者を替えたり仕事を変えたり、子供を寄宿学校に送り出すことで自分の人生を変えようとする代わりに、自分の脳を変え、ＢＤＮＦ（脳由来神経栄養因子）や成長ホルモンを生成することで、自分の人生を変えることができるのだ。

しかし脳を変えるには、長い間に培った恐れや攻撃性、弁解、その他の有毒な感情に引きずられがちな自分の習性に抵抗しなければならない。

コンピューターのオペレーティング・システムをアップデートするだけで、より新しくパワフルなプログラムやアプリが利用できるようになるのと同じで、脳をアップグレードさせれば、心身の健康を改善してくれる、新鮮でより前向きな考え方ができるようになる。

健康を絶好調にする活動に励み、栄養素で脳に滋養を与えれば、老化や現代生活がもたらす病気の予防にもなる。忘れっぽくなったり、集中力がなくなってきたと感じた人は、「歳はとりたくないものだ」と笑い飛ばそうとしつつも、内心では80歳以上の半数以上がかかるアルツハイマー病や認知症を恐れている。老化と共に頭が悪くなると考えるのは恐ろしいが、脳の機能低下は必ずしも高齢化に伴うものではないのだ。

心臓病、アルツハイマー病、認知症、パーキンソン病など、西欧では高齢化に伴う病気とされるものの多くは予防可能だ。その予防は、海馬を修復し、新たな脳細胞を育てると同時に、脳に良い燃料を与える食生活を継続することから始まる。

BDNFとグルタチオンとSODで、脳の健康増進

石器時代を生きた私たちの祖先は、脳化学については全く無知だったかもしれないが、からだの自己治癒力のスイッチを入れる植物についての知識には長けていた。

現代になって研究者は、からだと脳を修復するために重要な三種類の主な酵素とタンパク質を発見した。さらに驚くべきことに、それらは幹細胞を生成するからだのスイッチをオンにし、実際に新しくより健康なからだを成長させることができるのだ！

そうした酵素のひとつは、すでに先に触れた「BDNF（脳由来神経栄養因子）」だ。新たな脳細胞の発

達を刺激し、新たな考え方、ものの見方、反応の仕方が自然にできるように脳を修復し、神経回路を配線し直してくれる。パートナーや配偶者と再度恋に落ちたように感じたのはいつのことだっただろうか？　ＢＤＮＦは脳をアップデートしてくれるので、自分の人生や世界をより魅惑的に体験し直せるようになる。

ＢＤＮＦ不足は、アルツハイマー病、認知症、うつ病とも関連づけられている。毒素やストレス、運動不足、そして糖分の多い食生活は、すべてＢＤＮＦ値を低下させる。食物、特に魚や魚油から充分なオメガ３脂肪酸を摂取できていなければ、オメガ３脂肪酸が含まれたサプリでＢＤＮＦ値を高め、神経幹細胞の生成を促進させることが重要だ。

夜の間に断食して、炭水化物ではなく脂肪とタンパク質を朝食にすればＢＤＮＦは増やせる。しかし大量に増やすには、３、４週間に一度、一日中断食するようにしたほうがよい。エクササイズでもＢＤＮＦのレベルは上げられるが、自分が楽しく感じられるエクササイズを選ぶことが肝心だ。しなければならないと思ってするエクササイズより、自分の好きなエクササイズをするほうがＢＤＮＦは生成しやすいという研究結果があるのだ。

もうひとつの酵素「グルタチオン」は、抗酸素物質であり抗炎症物質だ。デトックスの要素としては、糸くずを掃き出すブラシのような役割をする。体内の毒素を拾い出し、処理するために肝臓に運ぶのだ。グルタチオンは人の免疫力を増強させ、筋肉の増加と維持を助ける。

グルタチオン値が低くなると、フリーラジカルによるミトコンドリアの損傷が増え、そうなるとエネルギーが減り、細胞を死に向かわせる体内時計を制御できなくなる。ケール、ホウレンソウ、アボカド、スクワッシュといった食物は、からだのグルタチオン生成能力を向上させる。

しかし、私も含めて多くの人々がグルタチオンの生成に必要なＧＳＴＭ1遺伝子を持たず、世界のほぼ半数の人は充分なグルタチオンの生成に必要な遺伝子が、ひとつかふたつ欠けている。重病患者では、グルタチオン生成遺伝子が欠けている人の割合はもっと高い。慢性病患者の大半の人のグルタチオン値は微々たるものだ。普通のサプリでは腸内で簡単に破壊されてしまい、グルタチオンを活用できないので、私が勧めるのは、腸を通って血液に届くS-アセチル・グルタチオンの経口剤だ。私自身、週に2回サプリとして服用しているが、とても効果的だと感じている。

スーパーオキシドジスムターゼ（ＳＯＤ）は究極の抗酸化物質で、1対100万の割合、つまりＳＯＤの分子ひとつで100万のフリーラジカルを無害にする酵素だ。ビタミンCとEも優れた抗酸化物質だとされているが、無害化の割合は1対1だ。体内には何億兆ものフリーラジカルが存在するから、小さなビタミン剤では太刀打ちできない。酸化のストレスを効果的に減らすには、ＳＯＤの強力なパワーが必要なのだ。

体内のＳＯＤのレベルが低下すると、老化に伴う動脈硬化とみられるアテローム性動脈硬化症や、皮膚の老化によるコラーゲンの崩壊の要因にもなる。

人体は自然にＳＯＤを生成しているが、食物にもＳＯＤは含まれている。しかし、農薬や環境毒素に晒《さら》されることで生まれたフリーラジカルによる長年の攻撃から回復するには、かなりの対策が必要だ。

ＳＯＤを生成する人体の能力をアップグレードするには、トランス・レスベラトロールとターメリック（ウコン）をサプリで摂取すればよい。また、ブルーベリーやブドウをもっと食べるといったように、食生活にプテロスチルベンが豊富な食物をプラスすることでも、ＳＯＤは増加させられる（サプリに関する詳細は5章「スーパーフード&スーパーサプリ」を参照）。

ＢＤＮＦ、グルタチオン、ＳＯＤを増やす理由は、ミトコンドリアを修復し、老化に伴う病気を予防するためだが、シャーマンにとっては別の理由もある。ワン・スピリット・メディスンを受け入れることができるように、脳をアップグレードするためだ。ワン・スピリット・メディスンを体験できれば、心身を健康にし、パワフルに、クリエイティブに夢を実現できるようになるのだ。

7章

ストレス源から自分を解放する

文明の大きな前進とは，創り上げた社会を壊す過程にすぎない。
——アルフレッド・ノース・ホワイトヘッド

何年も前のことだが、師とするドン・ジカラムに言われて、アマゾン川の支流沿いのジャングルでひとり一夜を過ごしたことがある。熱帯雨林の叡智を学ぶためにだ。

ドンは私をジャングルに連れていき、ちょうど日が暮れる頃に、シワワコスと呼ばれる巨大な木々に囲まれた川辺に私を残した。川の反対側ではオウムとコンゴウインコが自然の粘土を舐めていた。粘土に含まれるミネラルを毎日の朝食と夕食にしていたのだ。暮れる太陽の光が黄土の粘土に青白い光を投げかけ、鳥たちの青や赤の羽根を輝かせていたが、その直後、真っ暗になった。熱帯のジャングルでは、日暮れは突然闇に変わるのだ。

私はこうした場合に備えて、いつもバックパックの中に入れていたマッチと懐中電灯を探したが、どちらもドンに取り上げられていたようで見つからなかった。そこで私は、自分がエデンの園にいて、身の回りは美に満ちており、安全だと自分に信じ込ませようとした。しかし夜も更けてくると、真っ暗なジャングルにひとりぼっちでいることを痛感し、恐怖にかられた。小枝が折れる音、木の葉が擦り合う音など、かすかな音にも身をこわばらせた。ジャガーにあとをつけられ、ひとっ跳びで鋭い牙に食いつかれるのは間違いないと思った。そうしているうちに、朝が来た。砂浜にジャガーの真新しい足跡が見えたが、すべてはうまくいったように感じられた。最低限の準備しかしていなくても安全だと思えるようになったのは、熱帯雨林でもっと時間を過ごすようになってからだった。ジャガーの餌食にならない術を学んだのだ。

人間は彼らに恐怖の匂いを嗅がせるから、ジャガーやその他の動物の餌食になるのだ。ジャガーはそうした匂いを、何マイルも先から嗅ぎつけることができる。スラム街の通り魔が、直感的に、強盗の餌食にできる人間を選べるのと同じことだ。恐れは化学反応の雪崩《なだれ》を引き起こし、それが追われる動物の匂いを体外に発散させるのだ。

今も人は、天敵がいる世界に感情的に反応し、自己防衛に注意を集中させている。私は安全なのか？　安心するために必要な充分な愛やお金などはあるのか？　そうした恐れから、自分は誰かの餌食になってしまうかもしれないという慢性的な警戒体制に入る。

こうした私たちの感情には、病気をもたらす力があるのだ。シャーマンは、私たちの問題のほとんどは、癒されていない感情が原因だと知っている。感情は大脳辺縁系に古代に組み込まれた、サバイバルへのプログラムだ。だから、有毒な感情に自分の考え方や神経システムを支配されたら、自分で自分を危険に陥れてしまうことになる。

自分が置かれた状況の犠牲になるのをやめて、新たな発見に向けた大冒険に繰り出すヒーローになるには、自分の感情を癒すことが必要だ。癒しのチャンスの探索に、特別な旅路は必要ない。人生にはたくさんの課題やストレス源があるが、そうした挑戦をチャンスとして脳の神経回路を書き換えることができれば、恐れや怒りといった有毒な感情も、慈愛や愛というポジティブな感情に変えられるのだ。

シャーマンは私たちにつきまとう有害な感情と、一過性で一時的な気持ちを区別する。自分の子供や配偶者に対して、瞬間的に怒りを感じ、からだと脳を巡る化学物質を自発的に急増させることは誰にでもあるかもしれない。しかしそうした気持ちはすぐに収まり、平静を取り戻すことができる。

一方、有害な感情は、からだや大脳辺縁系に何時間何日何年も居座りかねない。

脳科学者のジル・ボルト・テイラー博士は、気持ちと感情の違いを著書『奇跡の脳――脳学者の脳が壊れたとき』（新潮社）の中で次のように述べている。

たとえば怒りの反応は、自発的に誘発されるプログラム。ひとたび怒りが誘発されると、脳から放出された化学物質がからだに満ち、生理的な反応が引き起こされます。最初の誘発から90秒以内に、怒りの化学的な成分は血液中からなくなり、自動的な反応は終わります。もし90秒が過ぎてもまだ怒りが続いているとしたら、それはその回路が機能し続けるようにわたしが選択をしたからです。瞬間、瞬間に、神経回路につなげるか、それとも、現在の瞬間に戻って、つかの間の生理機能としてその反応を消散させるかのどちらかの選択をしているんです。（文献1）

最も致死的な感情は、恐れだ。恐れを感じると、私たちはまわりにあるチャンスが見えなくなる。恐怖は

「逃げ道なし」という見方を私たちに強《し》いる。恐れは「ＨＰＡ軸」（視床下部－下垂体－副腎系）とも呼ばれる、「戦うか逃げるか反応」の引き金となる。ＨＰＡ軸は、海馬と、脳内の豆粒大の構造物である脳下垂体と、腎臓の上に座るアドレナリン腺からなる。人が危険を感じると、それが現実であるなしにかかわらず、脳はＳＯＳの信号をＨＰＡ軸に送り、その結果、チャンスを見つける脳の部位である前頭部皮質への血流が減ってしまう。

世界には現実的な危険もある。しかし、危険にどう対応するかの選択肢が私たちにはある。危険の餌食にならないためには、世界は天敵だという見方を強めるような信条を捨てなければならない。ストレスを生じさせるのは自分自身の信条であって、「その先」の人々や状況ではないことがわかれば、戦闘地域に永遠に閉じ込められたように感じる代わりに、周囲の世界と調和して生きることができる。

日常生活の中で私たちが体験する感情的なストレスは、自分自身の信条による制約や、「戦うか逃げるか反応」の過剰が要因であることが多いのだ。

自分自身の信条がもたらす制約

本人はそうは認識していなくても、自分自身が築き上げた世界観が感情的ストレスを生じさせていることもある。自分自身の信条がもたらす制約は私たちが子供の頃に持った世界観によるもので、知能指数や学歴とは無関係だ。無意識のうちに効率的に作動している神経回路が、昔の世界観で現実を解釈してしまうのだ。

知識に長《た》けた専門家ほど、自分自身の信条に縛られがちのようだ。

米国がイラクに侵略する前は、数多くの識者が、サダム・フセインが大量破壊兵器を蓄積していると証言した。もちろん結局のところ、そんなものは何も発見されなかった。米国人の前に示された「事実」はインチキだった。議会で証言した識者は嘘をついたわけではなく、それが真実だと思い込んでしまっていたのだ。

自分の中で意見をまとめるとき、私たちは自分の信条に見合った事実に重きを置き、そうでない事実は無視しがちだ。西欧の社会では直感より科学や理論が好まれる。科学や理論と直感を融合させることで、より広い視野を得ようとすることは稀《まれ》だ。私は医療関係者向けに講演することもあるが、彼らは本能的には健康に関する私の主張が正しいとわかっていても、常にその裏付けとなる科学研究を求めてくる。だから、私は古代シャーマンのメディスンについて書いた本にも、たくさんの科学を盛り込んだのだ。古代からのアドバイスにも、専門学会で発表された研究論文による実証が必要とされるのだ。

しかし、知るためにひとつの方法に頼りすぎると、気づかないうちに偏見から物事に対処しがちになる。直感よりも科学に価値を置くことにこだわるあまり、直感も考慮したほうがより良い決定ができるという発見は無視されることになる。

研究者のダグラス・ディーンとジョン・ミハラスキーが企業幹部を対象に行った超感覚的知覚（ＥＳＰ）に関する10年にわたる研究がある。その結果をみると、直感を信じ、それに従ってリスクを負う社長は、論理と「事実」のみから意思決定をする社長より格段に多くの利益を出していた（文献２）。

そして、堅物の保守派が思うほど、直感は非論理的とも限らない。ノーベル賞受賞者のハーバート・シモンとダニエル・カーネマンの研究でも、識者が直感に基づいて意思決定するときは、実際には経験と知識の宝庫から情報を得ているとされている（文献3）。

一方、「どうして彼を選んだのかわからない」「ただ彼が良い人のように見えた」というような勘に基づく意思決定は、純粋な感情的反応であることが多く、正しい場合とそうでない場合は半々だ。私が出会ったシャーマンは確かに癒しの識者であるヒーラーだが、彼らの判断は、何世代にもさかのぼる長老たちの叡智の蓄積と、「グレート・スピリット」と共に創り出す体験をベースとしている。

よくある信条は、健康上のニーズに対処する能力は自分にはないから、自分を癒してくれる医師や薬やセラピーに頼らなければならないというものだが、これは非常に深刻な帰結を招きかねない。この信条が無力感を生み、自分自身の生命を救う行動がとれなくなってしまう。

ワン・スピリット・メディスンは、医療の専門家や薬だけに依存しなくてもよいことを、私たちに認識させてくれる。自分のマインドとスピリットのパワーで内なる自己治癒力を支えることができるのだ。うつや怒り、心配に栄養を与えることになるネガティブな感情を手放して、からだを修復してくれる前向きな感情を育てることができる。

大脳辺縁系に蓄積された、制約的な信条にしがみついている限り、私たちは自分のすべきことを他人に指示してもらおうとし続ける。健康問題の決定を医師に委ねるだけではなく、政治評論家の意見を受け入れて誰に投票するかを決め、メディアが言うことを聞いて、誰が敵かを決める。

自分の信条に制約されると、被害者・迫害者・救世主のいずれかの役割にハマることになる。この三者は私が「失力のトライアングル」と呼ぶ三角形の各コーナーに陣取る。私たちはこの三役が描くドラマを創り出し、物語が進むと迷路の中で迷子になり、失力の物語から抜け出せなくなる。状況は変わっても、なじみがある物語になってしまうのも無理はない。役者は代われど、その人たちに同じ役を押し付けて、古いドラマを繰り返すことになるのだ。

被害者・迫害者・救世主のいずれにしても、常に他人の行動に反応していることには変わりがない。人が自分の信条で制約されていると、こうした光景はおなじみのものになる。私が訪れた南米のインディアンの社会では、西欧からの植民に制圧された歴史があるため、侵略した西欧人が迫害者役で、インディアンが被害者役、カトリックの教会が救世主役となっていた。

シャーマニック・エネルギー・ヒーリングを求めて私のもとに来た新しい患者は、彼らを被害者にしている病気から救う救世主役を私に求めがちだ。私の最初の任務は、その役割を拒否して、その代わりに、自分の信条の制約から患者を解放する手伝いをし、自己治癒に向けた内なるパワーを発見させることだ。そうしなければ、患者は受け身の傍観者として、私が魔法を使うのを期待するだけになるからだ。

被害者・迫害者・救世主という主人公はいずれも、私たちに恐れを与え、自己弁護に努めたり、他人へのやっかみや競争心を持つよう誘いかけてくる。そのため、賢いことやユニークなことをしている人に出逢えば、その人を尊敬するのではなく、嫉妬したり、その人の努力をあざ笑ったりするようになる。作家のゴア・ヴィダルは「友人が成功するたびに、私の一部が死ぬ」と言った。

しかし、自分の信条の制約を乗り越えて、より大きな視野で自分たちの人生を理解し、自分の見方を歪ませる偏向を許さないようにすれば、自分の感情を癒すことができるのだ。こうした三役のドラマを演じたがる習性を捨てて、代わりに人生の挑戦を受けて立ち、過去に受けた傷を乗り越えて自分を癒したヒーローの物語を選べば、パワーと勇気が得られるのだ。

刺激過剰と、「戦うか逃げるか反応」

現代人が直面する二大ストレス源は、刺激と、「戦うか逃げるか反応」の過剰で、このふたつは手を取り合うことが多い。私たちの社会は処理できないほどの情報や感覚への刺激が洪水状態で、それがＨＰＡ軸、つまり戦うか逃げるか反応の引き金となる。

テレビやインターネットからだけでも、現代人は1週間以内に、石器時代の人類が全人生で得る以上の刺激を受けている。そして常に新たな情報に対応しようとし続けるため、慢性的な消耗状態にある。「コーヒーがなかったら、何もできない」と誰かが言うのを何度聞いたことだろう。自然は、一度に1頭のみのライオンに吠えられても対処できるように人間の脳を設計したのであって、人がジャングル全体から襲われることは想定していなかった。しかし今では、私たちの脳はすべてのデータの整理に長い時間追われ、負担が多すぎて、何が緊急の課題で、何をすべきかを判断できる新鮮な視点がもてない。

メディアは遠い地域で起きている戦争や悲劇についてもニュースを届けてくれるが、人間の戦うか逃げるか反応は、目前の出来事に対応するようにつくられており、危険までの距離感は認識できない。大惨事についてのニュースを読んだとき、脳の論理的な部位は、それが異なる時間と場所での出来事なのだと理解できるが、脳は実際には言葉より映像を素早く認識する。だから、独裁国のストリームビデオを見せられれば、戦うか逃げるか反応を司る海馬は、それが今目の前で起こっているものととらえて、高度の警戒状態に入る。海馬がストレスや毒素で損傷していればいるほど、その脅威を身近で危険なものと感じてしまう。

銃の所有率が高い国ほど、その国民の海馬の損傷度も高いだろうと、私は確信している。ワシントン・ポスト紙によれば、米国人の銃所有率は世界一で、100人あたり90丁近くの銃を所有し、銃による殺人事件数も先進国でトップだ（文献4）。米国人の脳の海馬は、木陰に潜む逐一の危険を常に察知しているのだ。

戦うか逃げるか反応、言い換えればHPA軸が負担過剰になったときに起こる硬直状態が頻繁に起きるもうひとつの理由は、受け取る情報に対して常に迅速に対応しなければならないことだ。私たちの感情は、ゆっくりとしたアナログの化学反応によるホルモンがからだ中を旅することで生み出されている。だから、子供やペットへの愛情にゆっくり浸ったり、数日間も怒りに燃え続けることができるのだ。

一方、私たちの思考は神経網により光速で伝達される。デジタルの電気信号が即答を要求するのだ。だから、情報過多でカフェイン摂取過剰の私たちの社会では、私たちの脳も腸も刺激過剰になっている。眠っても休息がとれず、慢性的に消耗し、働きすぎているのだ。このストレスがHPA軸をノンストップで動かしているから、融通が効かなくなり、ストレスホルモンという毒を脳に盛る。その結果、恐れにより麻痺してしまい、慢性的消耗から抜け出せなくなる。

「一緒に情報を送り出すニューロンは神経回路を共有している」という表現があるが、大半の現代人の神経網は、戦うか逃げるか反応を起こす道筋が拡大され、高速情報通信路になっている。

米国立精神衛生研究所によれば、毎年、米国人の4分の1が精神疾患の診断を受けており、そのうち18％は不安症、7％はうつ病だ（文献5）。嘆かわしいことに、10代では不安症とうつ病の罹患率は50年前の5～8倍に増大している（文献6）。

海馬は、実際にはＨＰＡ軸のサーモスタット（自動調節装置）の役割を果たしている。危険の領域やチャンスの領域を設定し、無視できる平凡な出来事の領域を区別して設定する。その設定値が高いほど、驚いたり、世界を危険視することが少なくなる。しかし設定値が低いと、ちょっとしたことでも戦うか逃げるか反応が起きる。常に警戒状態だと、そこら中が危険に見えるようになる。

ＨＰＡ軸は危険に対する私たちの反応をコントロールするだけではなく、消化、気分、性、エネルギー貯蓄や免疫システムにも関与しているため、異常があれば生命にも影響しかねない脅威となる。

戦うか逃げるか反応が始まると、ＨＰＡ軸はパワフルなステロイドホルモンであるコルチゾールとアドレナリンを分泌する。人は恐れや刺激過剰の依存症、より正確にいえばそれらが生み出す化学物質の依存症になりえるのだ。アドレナリンの急増は、バイタリティと勘違いしやすい。しかし、バイタリティは生命力を再生させるが、ストレスによる化学物質の洪水は燃え尽き症候群を引き起こし、体内組織や内臓、脳にも損傷を与えるという違いがある。

海馬にはコルチゾール受容体がたくさんあり、ストレス反応でアドレナリン腺がコルチゾールの洪水を起こせば、海馬が損傷を受ける。しかし、オメガ3脂肪酸で脳に滋養を与えれば、海馬を修復し、戦うか逃げるか反応をリセットできる。

オメガ3を摂取し始めて6週間ほどで、醜悪にしか見えなかったことに美を、危険にしか感じなかったことにもチャンスを見いだせるようになる。海馬は素早く修復できるから、脳にアドレナリンとカフェインを注ぎ込むのをやめさえすれば、ストレスのネガティブな影響からの解放感を実際に感じられるだろう。

戦うか逃げるか反応が鎮まれば、松果体の錬金工房が内因性の向精神物質を集めて脳に放出するようになり、喜び、至福、聖なる一体感を感じることができるようになる。恐れやストレスの分子を生成しながら、同時に至福感を感じさせる向精神物質を生成することは脳にはできない。そのどちらかになる。

あまりに多くの刺激を受け続けるのをやめて、意識的に数分間、数時間、あるいは数日の間、精神的・感情的なドラマから休むことが重要だ。瞑想したり、自分が楽しめる活動に熱中したり、または単純に自然の中で過ごすだけでも、よいストレス解消になる。圧迫を感じたときには、立ち止まって数回深呼吸するのだ。

私の患者のひとりは、愛する相手としてはとんでもない人間だ。少なくとも彼の妻はそう言う。妻によれば、夫のセックスは飢えを満たすようなもので、できるかぎり早く満足しようとする。クライマックスだけが目的で、そこに至る前戯の歓びには無頓着だ。真っ先にゴールに辿り着こうとする衝動は、投資銀行家という彼の仕事には好適かもしれないが、ベッドの中での彼は敗北者だ。スローダウンして、親密さを楽しむことができないのだ。この夫婦は半年間、結婚カウンセリングに通ってもうまくいかず、私に会いに来た。

最初に私が勧めたのは、一日3～5gという治療摂取量のオメガ3を摂取することだった。この効果プラス妻からのコーチングを受けて、この男性はセクシャルな探訪と発見というご褒美を得ることができた。しかし、オメガ3は彼の治療のほんの一部だった。彼の戦うか逃げるか反応をリセットするために、シャーマンが使うテクニックも利用した。HPA軸をセットし直したことで、彼はベッドで木偶《でく》の坊にはならず、妻と親密な探訪を分かち合えるようになったのだ。

私たちをすぐ戦えるように興奮させ続けるドーパミンとアドレナリンへの依存から抜け出せれば、より賢く生きられるようになる。HPA軸のメカニズムが作動しなくなれば、あとで後悔するような先走った決定や、恐れに駆られた衝動的な行動はあまりとらなくなる。脳が戦うか逃げるか反応にとらわれたときのみ、人は初期設定に引き戻され、失力の三角形に落ち込み、有害な昔の物語に執着して、陳腐で非生産的で、ときには破壊的な行動をとるのだ。

脳が戦うか逃げるかのモードから解放されれば、私たちはまた夢を見ることができるようになる。夜の間だけではなく、日中にも夢を見るのだ。

狩猟採取民族は、食物の確保に一日のうち約3時間しか使わなかった。その他の時間は、アート、レジャー、そして夢を見る時間にしていたのだ。ボツワナのカング族やタンザニアのハズダ族は週に14時間しか働かない。しかし私たちの祖先は農耕を始めたために、食べるために充分な食物を生産するための時間が増加し、焚き火を囲んで座って物語を語り合う時間はほとんどなくなった。産業化は助けにならず、工場で奴隷のように働く人々にとって自由な時間はもっと少なくなった。階級社会の頂点にいる大金持ちか、または最下層にいる先住民の僧侶くらいしか、想いにふける時間はなくなった。今でも私たちの日々はメールや洗濯で消費され、瞑想や白日夢をみる時間は得られにくい。

白日夢の重要性を過小評価してはならない。ヘッジファンドをスタートさせ、みごとな成功を収めて億万長者になり、科学界に巨額の資金を寄付した数学の天才ジェームズ・H・シモンズによれば、彼の成功の秘訣は「熟考」だと言う。「私は世界一速い人間ではなかった」と、ニューヨーク・タイムズ紙に彼は語った。

「私は熟考するのが好きだ。あれこれ考え続けたり、ただ考えていたのが、結局は良いアプローチだっ

たのだ」（文献7）

星を見つめて様々な想像をする時間は、やるべきことのリストを実行するための時間にとって代わられた。夢を見たり、ただそこにいることは、するべきことのために棚上げされた。今では多くの人が、外にいてもスマートフォンを肌身離さず、メッセージをチェックし続け、気温も太陽の光や風を肌で感じるのではなく、お天気アプリでチェックしている。

テクノロジーを使えば、より多くの情報にアクセスできる。無線が届くところに行きさえすれば、デジタル機器を取り出し検索し、即座に疑問への答えが得られる。しかし、そのすべての情報を飼い慣らし、真の叡智を体験する許容力が現代人には欠けている。情報は私たちに、買う、売る、活動するといった行動を迫る。一方、叡智は私たちに夢見ることを促す。

西欧では、私たちはより賢く情報を収集しようと、専門家に頼りがちだ。しかし、医師は消化器については極めて詳細な知識をもっているかもしれないが、人間の感情についてはまったく無知だ。心理学者はうつ病や不安症を治療するにあたって、患者に消化器の調子はほとんど尋ねない。多くの気分障害の原因は腸にあるにもかかわらずだ。心臓や脳、骨や直腸といったからだの部分ごとに専門医が医療を提供する現代医療では、からだ全体を視野に入れ、ボディ・マインド・スピリットのつながりも考慮して患者の健康を診る医師はほとんどいない。

死の恐怖を克服する

信条による制約、刺激や戦うか逃げるか反応の過剰といった精神的なストレス源は、究極的には人類最大の恐怖、死への恐怖につながっている。

オーストラリアの先住民アボリジニの社会には、死に直面する恐怖に直接対峙する機会として、入念に計画された通過儀礼がある。儀式的に死を体験することで、避けることができない究極的喪失への恐れを克服することができるという考えに基づいているのだが、シャーマンは、「自分の死を生き延びる」という言い方をする。

「生命は物質世界を離れても、異界の現実である見えない世界で生き続ける」という深い叡智に目覚めるのだ。この儀式の後には、日常的な出来事に慢性的な不安を感じることはなくなり、人生の目的についてより大きなビジョンが持てるようになる。

脳をアップグレードすれば、自分の安全や幸福、サバイバルにとって絶対必要だと思っていたことへの執着を手放せることに気づく。過去の恐れに駆られて選んできた人生へのアプローチをやめれば、不安定な状況に対処できる能力が自分にあることを信じられるようになる。自分を歓迎してくれる安全な世界、自分の意図を支援してくれる宇宙に生きていることが実感できるようになるのだ。

疎外感VS一体感

大脳辺縁系は一体感ではなく疎外感を認識する。理解しやすいよう現実を小分けにするのだが、それにより全体像を見失うのだ。

一方、脳の中で高度な機能を担う部位は、物質でできた目に見える世界と物理現象と、「グレート・スピリット」とエネルギーからなる目には見えない世界は切り離されていないことを知覚できる。実用主義の日常的な私たちの認識が、そのふたつの世界を切り離しているのだ。

目に見える世界では、隣の椅子に座っている他人のからだと自分のからだは別々だと私たちは認識している。しかし、目に見えない世界では、すべてが交錯しており、分け隔てることはできない。

目に見えない世界は非局在性で、時空を超えた統一世界だ。すべてが実在するが、通常の人間の視覚では見えない。顕在化したときにしか、その世界を知ることはできない。私たちの認知力がシフトし、ふたつの世界の境界が、束の間消えたときにのみ、私たちは目に見えない領域を直接理解できる。

日常とは異なる目に見えない現実を垣間見るまで、人の脳は疎外感を覚えがちで、「その先にあるもの」を恐れる。ワン・スピリット・メディスンを受け入れれば、自分も説明のつかない偉大な全体の一部であることがわかるので、疎外感はなくなる。

ワン・スピリット・メディスンを体験した後には、夢見た健康や幸福を現実化でき、不足感や恐れからも解放され、他人や他の生き物、地球との調和がとれた関係を見通せるようになる。死は恐れたり、どんな犠性を払ってでも避けようとすべきものではなく、単に異なる領域への入り口にすぎないことがわかる。

目に見える日常の世界では、自分の感覚で得られる情報のみに可能性は制限されてしまう。私たちの頭は、今日遭遇したことを過去の体験に照らし合わせるよう訓練されているからだ。しかし非日常的な世界では、新しいことをいくらでも生み出せる、すべての創造の源泉にアクセスできる。不可能に思えていたことも可能になるのだ。

古代の人々が大洋に漕ぎ出し、5万年前にオーストラリアに定住し、未知に向かって足を踏み出し、やがてはベーリング海峡を渡って北米に到着できたのも、未知の世界から得た叡智が彼らに勇気を与えてくれたからだ。

非日常の領域から叡智を引き出せれば、無限大の可能性がある世界を自分で生み出し、新たな未来を拓いていける。

自分はどう「すべきか」ではなく、自分はどう「なれるか」という偉大なアイデアは、非日常の領域から生まれる。日常の世界での制限にとらわれた人々にとっては変に思えるかもしれないが、そうしたアイデアには無視することができないほどパワフルで、魅力的なエネルギーがある。

あなたが勇気を出せば、ワン・スピリット・メディスンが全く異なる人生、新たな健康と叡智、活動、人間関係、チャンスに満ちた人生をもたらしてくれる。自分自身により慣れ親しめるようになる。自分の意志で変えたことは維持でき、あなたが夢を追うことを阻害する要素は何もなくなるのだ。

第Ⅳ部

静止して、生まれ変わる

8章 新たな神話を歓迎する

原始時代や歴史上の人物の宗教、哲学、社会体制、科学や技術の大きな発見、眠気を醒ますような夢は、神話という素朴な魔法の指輪から湧きいでる。

――ジョーゼフ・キャンベル

まず、からだから毒素を排除し、スーパーフードとスーパーサプリで脳をアップグレードする。そして、戦うか逃げるか反応をリセットし、脳の精神の分子のスイッチをオンにすることで、有毒な感情や信条の制約から自分を解放し始める。

ワン・スピリット・メディスンを体験するための次のステップは、遺伝子の発現を改善して、健康になるための遺伝子のスイッチをオンにし、病気になる遺伝子のスイッチをオフにすることだ。そのためには、普段はパスワードで保護されている、人体を囲む光り輝くエネルギー・フィールド（ＬＥＦ）に入らなければならない。ＬＥＦへのアクセスには、慣れ親しんだ文化に基づく考え方や人生体験を制限してしまう要素を手放すことが必要だ。新たなからだや可能性を拡げ、世界を生み出す能力を支えてくれる、壮大な新しい自分の神話をＬＥＦに取り入れれば良いのだ。

なぜ神話が必要なのか？　それは、脳の高度な部位である大脳新皮質の右の部分は、事実ではなく神話によって起動するからだ。テレビ番組『ゲーム・オブ・スローンズ』や映画『ロード・オブ・ザ・リング』『スター・ウォーズ』『ハリー・ポッター』の人気をみれば、人類がファンタジーや神話に夢中になることは明らかだ。神話は単になじみやすい物語や娯楽用のストーリーにすぎないと、人はその影響力を過小評価しがちだ。しかし、神話が単なるコミックや夏の大作映画のための筋書きではないことは、学者ジョーゼフ・キャンベルが明らかにしている。神話は私たちが認識する以上に深く、大きな影響を人に与えているのだ。私たちは幼い頃からパワフルな神話の虜になり、それを自分の世界観として、普段の生活での意思決定のベースにしているのだ。

神話は特定の集団や文化の価値観、また信条の表れだ。概して、西欧人を導いてきた神話は、世界の他の地域の神話とは異なるといえる。しかし、人類の集合意識から書かれ、時間や地域を超える元型的なエネルギーを感じさせる普遍的な神話もある。根強い人気の神話は、ごく普通の人物が、たいがいは自分の意志とは裏腹に冒険に出ることになり、大きな困難を乗り越えて信じられない偉業を達成するというものだ。

古代ギリシャ神話は、オリンポス山に住む神様の、とても人間的で滑稽な物語が中心で、オデッセイ、ヘラクレス、アキレスといったヒーローが活躍するが、私たちの現代神話にも古代ギリシャ神話や古代ローマ神話に負けない魅力がある。

伝統的なアメリカ神話は、決意と努力で貧困を乗り越え、富と名声を自力で獲得する人々の物語だ。また、愛のない過酷な境遇に生まれた孤児が逆境にもめげずたくましく育ち、勇気と威厳のある人気者となり、成功する物語も人気だ。

こうした物語は人徳が報われ、勝利するハッピーエンドの物語だ。証券トレーダーやインターネットの鬼才が一夜にして大金持ちになるようになった20世紀末以前には、こうした物語がアメリカ人の起業精神を燃え立たせる燃料だったのだ。

21世紀に入って、神話は異なる価値観を示すようになった。現在の私たちの神話はドラゴンや魔法使い、そのほか異界の生き物が棲む遠い星を舞台とした、逃避のファンタジーだ。ファンタジーの影の部分は、破壊という先の暗い世紀末的なビジョンの反映なのかもしれない。ともかく私たちはもう、ホレイショ・アルジャーの著作『ぼろ着のディック』や、ミュージカル『アニーよ銃をとれ』の小さな孤児アニーに胸をときめかしたりはしない。

しかし、神話のベースとテーマは今も同じで、普通の人間が尋常ではない挑戦を受け、その過程で変身を遂げるというものだ。

神話が説く価値観や信条はとてもパワフルで、自分を導いてくれる神話を見つけた人は、自分の人生でも神話の筋書きに従おうとする。神話を取り替えれば、価値観や信条も変わり、自分の人生における事実もそれに従って変わる。

しかし、自分の脳をアップグレードしてからでないと、自分用の個人的な神話は変えられない。壊れた脳は自動的に古いソフトウエアを起動させ、戦う・逃げる・食べる・生殖するという、大脳辺縁系の四つの古いプログラムに落ち着くからだ。攻撃性、恐れ、欲、その対極にある不足感に囚われてしまえば、危機に際しても、新たな価値観や信条は受け入れられなくなる。無意識のプログラムが私たちの最善の意図を上書きしてしまうのだ。

ユダヤ教やキリスト教の伝統がある西欧では、バックグラウンドで作動し続けているコンピューターのプログラムのように、人の脳裏に存在し続けているパワフルな神話がたくさんある。自分自身では気づいていなくても、それが自己の価値観や世界観のベースとなり、毎日の生活の色眼鏡となっている。

私たちが子供の頃に最初に学ぶ聖書の物語のひとつは、創世記にあるアダムとイブの話だ。アダムとイブの神話により、私たちは原罪に恐れを抱く。神様に従わなかったから人はエデンの園から永遠に追放され、神様や川や石や木々や動物たちと直接対話できなくなったという話だからだ。

しかし、アフリカのサハラの部族でもオーストラリアのアボリジニでもネイティブ・アメリカンでも、先住民の間には、パラダイスから追放されたなどという神話は存在しない。先住民の神話では、人は楽園から追放されなかったどころか、地球の守り手として信頼され、その維持を任されているのだ。

私たちは、もっと持続可能な暮らしがしたいとか、自然と調和した生き方がしたいとか口では言うものの、実際には自分の信条の中に埋め込まれた古い考え方に乗っ取られているから、そうしたゴールへの努力はしない。個人としては無力で違いは生み出せないから、または地球温暖化ガスの排出を制限する京都議定書に調印したら世界の経済は崩壊するから……などと理屈を述べて、短期的な安定を求め、気候変動を食い止める努力はしようとしない。

西欧人は、ユダヤ教やキリスト教のその他の神話の影響も内に秘めている。永遠の生命を得られるのは選ばれた一部の民だけだというのもあり、天国へのパスポートをくれるのは司教や牧師だというのもある。

私が一緒に暮らした先住民にとっては、そんな見方は想像もできない。彼らにとっての天国はこの地球上で、誰も仲間外れにはされず、人は永遠に存在する。死はひとつのステージから次のステージ、つまり「粒子」の世界から「波動」の世界への移行にすぎない。仏教も似たような見方をする。意識は永遠で、パラダイスとはこの地球上で悟りを得た状態で、それは誰にとっても同様だ。

シャーマンが語る永遠とは、脳をアップグレードさせ、ワン・スピリット・メディスンを受け入れてより良く新しいからだを育てれば、誰でも到達できるものだ。究極の癒しは肉体ではなく光り輝くエネルギー・フィールド、つまりこの世を超え、時の終末まで私たちを連れて行ってくれる、光のからだの癒しのことだ。光のからだは人生が終わった後もずっと長く維持できるものだが、西欧ではまったく無視されてきた。

西欧人の多くは、宇宙を構成する規律のひとつとして、悪魔の存在も信じている。しかし、私にとってもっと魅力的なのは、正しい関係さえ築いていれば、私たちが棲んでいる宇宙は、私たちのために道を譲ってくれる善意の宇宙だという見方だ。

古い信条に基づく物語は、精神科医カール・ユングが言うところの「集合的無意識」、言い換えれば人類が分かち合ってきた記憶とアイデアの保管庫の中に存在し続ける。集合的無意識の神話は私たちの意識の奥底にあるので、立ち止まって「この話はもう通用しない」と考え直すことは滅多にない。

地球の危機とか、世界を変えるテクノロジーとか、古い神話を新たな神話に取り替えさせる革新的な発見が必要なのだ。印刷の発明が、その後の世紀の集合的無意識の神話を一変させたように、インターネットは私たちに影響を与える物語を変えつつある。一人ひとりがワン・スピリット・メディスンを受け取り、より維持可能な地球を一緒に創造することもできるようになったのだ。

元型のエネルギー

人類の歴史の中で、今こそ人類が協調、協力して新たな創造に乗り出す必要があるのは明らかだが、そうした特質は母親の元型像の要素だ。母なる地球と人間の関係、人間同士の調和を取り戻すには、支配、征服、権力の階級化を示す男性神話を捨てなければならない。そして、私たちの一人ひとりが、自己中心的で権力志向で、闘いに執着した大脳辺縁系の考え方を自ら克服しなければならない。

生き方を変えるからと、単に約束するだけでは充分ではない。これまでの信条、価値観、行動を変えてくれるような元型のエネルギーを積極的に受け入れていかなければならない。私たちが参考にすべき元型は、大昔から時代を超えて人類に影響を与え、導いてきたものだ。

カール・ユングはこうした元型を「常にどこにでも存在するような精神性がかたちになったもの」とした（文献1）。元型は口伝や叡智の教え、聖なる書物、宗教や文化儀式の一部として受け継がれてきた神話の中に埋め込まれている。実際、そうした元型のパワー、古代の神様と人間が関係する話に基づいた神話や伝説は、人類が言葉を発達させた初期から、地球上のどの文化にも存在した。

私たちが影響される物語には、人類に深く響く普遍のテーマがある。オデッセイの神話を読むときも、スクリーンでラブストーリーを観ているときや、苦難を乗り越え愛を勝ち得た男の歌を聴いているときも、私たちは人類の夢や憧れという共通の物語に反応している。そして、その本を閉じたり、映画館を出たり、音楽を聴き終えたあとには気分が良くなり、短い人生をしっかり楽しもうという気になっているのだ。

本や映画やニュースに潜んで忍び寄る、古めかしく、私たちを意気消沈させるような神話にばかり接していると、私たちのプログラミングは初期設定に戻ってしまい、そうした生き方をするようになる。自分より若いライバルに猛烈な競争心を燃やしたり、小賢《こざか》しい人の被害に遭ったり、心身の健康を損ない、精神的にも喪失感を味わったりするのだ。無難な道しか見えなくなり、クリエイティブな人生を生きられなくなる。危機感から抜け切れないため、ライバルを仲間にしたり、小賢しい人を遊び友達にするという選択もあることが認識できなくなる。

少し前に私が引率したアンデス山脈へのツアーでは、私たちが教えを受けていた先住民の神話に脅威を感じた参加者がいた。マークという名の男性だったが、彼は証券マンとして成功し、パイの分け前には限りがあるから、早い者勝ちしかないという信条を持っていた。だが彼は、私たちが学んでいたシャーマンから、間違えて獲得したパイの分け前を溜め込みすぎていると指摘された。マークはそれまで自分に富を与えてくれるパイを追い求めてきたのだが、長老に、「偉大なパイは天にあり、それは叡智と気前の良さというパイで、誰にとっても充分な数があるのだ」と言われた。「リスだって、冬を越えるために充分なナッツを溜め込んだときには、自分でそうわかる」とシャーマンはマークに言った。

マークはそれを聞いて、頬を平手打ちされたように感じ、不満と怒りを抱えて私のところに来た。そして、「あのインディアンは金を取りたいだけで、自分の儲けのために石や鳥の羽根や布切れを売ろうとしている」と言った。そして、すぐにツアーを離れ帰りたがった。幸運なことに私たちは高い山の上方にいて、翌日まで待たなければ、山は下れない状況だった。

私は彼に、「どんなに裕福でも名声や悪名をはせても、自分の魂や心は満たせないという認識があなたを動揺させたのではないか」と言った。彼は、渋々「そうかもしれない」と認めた。自分の成功の定義は限定的で、心の平安を見つけるためには、見方を広げることが必要かもしれないことをマークは認識した。

自分の神話を更新するということは、社会への影響力をもち、個人を生き地獄へ導く、魅力的だが制約的な信条を放棄することを意味する。マークの信条は、自分が成功して大金持ちになったら、好きな慈善事業に寄付することで世界を救う助けができるというものだった。そんな自分自身を変え、不足を補うことを求める自分の神話を変えることから始めなければならないという認識は、マークにとってはショックだった。

個人の神話を変えるには、神話がもつエネルギーをより効果的に賢く利用できるように、おなじみの物語に新しいやり方で接する必要がある。たとえば、自分自身や他人への暴力を諦めて、攻撃的な自分のエネルギーは不可欠の闘いかスポーツ用にとっておくなどして、自分の内なる戦士との関わり方を変えるのだ。

他人を悪魔のように見たり、他人を支配しようとする代わりに、自分の内なる悪魔と戦う戦士にもなれる。自分の内なる地獄で聖なる戦いを繰り広げるのをやめ、戦士のエネルギーに蓋をして、自分の内なる地獄から何が学べるかを見直してみる。同様に、常に自分のやり方を通そうと大騒ぎするインナーチャイルドや、すべての注目や憧憬は自分に向けられるべきだと要求する内なるアフロディーテ（愛と美と性を司るギリシャ神話の女神）に対処することもできる。

エクササイズ

自分にパワーをくれる神話を見つける

個人的な神話とは深遠で、無意識のプログラムが夢やおとぎ話として表現されたものだ。私たちは誰もが自分だけの個人的な神話のヒーローやヒロインだともいえる。自分を導いてくれるはずの神話の世界観があなたを制限したり意気消沈させるようなものなら、あなたにパワーを与え、健康と幸福に導いてくれる新しい神話を探したほうがよい。

●新しい物語を見つけるための最初のステップは、すでに役立たずになった古い神話や物語が自分の中にないか、確認することだ。

お城の牢獄に閉じ込められた男性や女性についての短い物語を1ページ以内で書いてみよう。どうして彼らは捕虜となったのだろう？　彼らを虜にしている信条や恐れは何だろう？

●静かに座り、あなたやあなたの人生の新しいイメージを浮かび上がらせよう。自由の身となってお城から出て未知の世界に向かい、挑戦やチャンスと出会いながら、新しい運命を切り拓いていく自分の物語を書いてみよう。その物語のベースとなる強みや信条は何だろう？

新たな神話に向かう

次の四つの章（9章〜12章）では、新しい神話を受け入れることで得られる四つのパワーを、実際にある四つの神話の例から見ていこう。

パーシヴァル、プシュケー、アルジュナ、シッダールタ（仏陀）は、自分を制限する信条から解放され、自分の運命を変えるための旅路の地図を示している。この四人はそれぞれ、変身に向けた旅路に勇敢に乗り出し、神聖な神に近い存在になった。

こうした神話からパワーを得るための私たちのツールが、「メディスン・ホイール」だ。アメリカ大陸の先住民など、大地に根ざした精神性をもつ伝統的な民族の間で大切に伝えられてきた学びのツールだ。彼らの伝統文化では女性性の原則、つまり母の元型像と「グレート・スピリット」との関係を尊重する。

英国のストーンヘンジやペルーのマチュピチュは地元の先住民の聖地であり、おそらく土地と自然の循環に根ざした精神性の最も有名な例だろう。この二大聖地の大きな特徴は、共に、春分・夏至・秋分・冬至のサイクルで天空を旅する太陽の1年の動きに合わせた巨石の存在だ。

メディスン・ホイールは、変身するために必要なチャレンジに立ち向かうための地図を提供してくれる。より勇気を持ってクリエイティブに生き、ワン・スピリット・メディスンの癒しを受ける準備として、南・西・北・東の四方角のホイールを使うのだ。

メディスン・ホイールを使う儀式のやり方は、南北アメリカの先住民の間でも部族によって様々だ。私がアマゾンの師から教えられた方法では、過去の傷を癒すヒーラーとの旅路は、南から始まる。次に西に移り、神聖な女性性のエネルギーと共に死に直面する。そこから北に移り、賢人との旅路で、すべてを映し出しつつ、何も阻害しない湖面のように静謐《せいひつ》であることを学ぶ。最後に東に到達し、ビジョンを得る旅路の末、創造に自ら参画して、夢の世界を現実にする。

これは自分たちが馴染んだ普通の生活を捨てて、恐れることなく未知の世界に踏み込むという、伝統的なヒーローの旅路だ。

ワン・スピリット・メディスンへの旅路はひとり旅で、途中あなたが変身するための努力を肩代わりしてくれる人は誰もいない。だからといって、メディスン・ホイールをひとりで歩かなければならないとは限らない。あなたに先立ち、勇気をもって挑戦した叡智のある男性や女性のコミュニティの仲間入りをするのだ。宇宙からの助けはいつでも得られるが、その支援は慎み深く受けなければならない。慎み深くしなければ、自分中心で、自分をくじけさせる古い生き方に簡単に戻ってしまうからだ。あなたのエゴは、メディスン・ホイールを素早く回って完璧に癒されることを求めるかもしれないが、それでは変身はできない。忍耐と専心で、各方角からの教えを学ばなければ、ワン・スピリット・メディスンは体験できない。

メディスン・ホイールのワークを終えたら、「ビジョン・クエスト」の準備ができたことになり、それがワン・スピリット・メディスンを受け入れるための最後のステップになる。

9章 ヒーラーの旅路

人生では必ず、自分の過去に対峙しなければならない時が来る。単なる夢の中の存在のように、自分の本当のパワーを束の間しか感じることなく生きてしまった人の場合には、人生も残りわずかとなってから、その運命となんとか取引しようと、死の床で自分の過去と対峙することになる。

しかし、夢を持ち力強く生きる人にとって、過去との対峙は、ひとりで火を前にして、法廷の証人のように、過去の自分という亡霊を思い起こすことから始まる。これがヒーラーの仕事で、メディスン・ホイールの始まりとなる。

過去の皮をはいで、傷の母体を癒す

大地に根ざしたアンデスの伝統文化を故郷とする南半球では、南十字星が空だけではなく人々の精神性にも大きな位置を占めている。北半球の住民にとって、北斗七星と北極星が導きになるのと同様だ。南十字星の四つの星は星空を眺める人の道標となるだけでなく、最後は東西南北の四方向からの叡智を得て最後はワン・スピリット・メディスンに至る、メディスン・ホイールの旅路の象徴にもなっている。ヒーラーの旅路はメディスン・ホイールの南から始まる。

南は「ヘビの領域」と考えられている。先住民の天文学では、天の川は空のヘビだ。どの文化でも、ヘビは性と生命力の象徴だ。東洋の伝統ではヘビは背骨の根元に巻き付いた姿でよく描かれるが、これは生命力、クンダリーニの象徴とされている。ヘビは本能の象徴だが、「すべては見たとおり」として曖昧さやニュアンスを受けつけない杓子定規な思考の象徴でもある。この認識には気持ちや感情は関与しない。冷血動物のヘビのように、私たちもセンチメンタルにならずに行動することができる。

状況によっては、ヘビの目で見ることが必要な場合もある。危機に瀕して恐れからパニックを起こし、選択を間違えそうになったときには、本能に従ったほうが確実にサバイバルしやすいのだろう。もし山の頂上にいるときに落雷が始まったら、過去を振り返っている場合ではなくなり、ヘビの本能に従って、安全な場所を探したほうが良いのだ。

ヘビは私たちを生きながらえさせ、支えてくれる大地とのつながりを思い出させてくれる。肉体、土、岩という物体の領域は、私たちの感覚を呼び覚まし、私たちはヘビのように、そこに古い皮を脱ぎ捨てる。ヒーラーの役割は、自分にはふさわしくなくなった役割やアイデンティティを脱ぎ、それらがなくてもサバイバルできると自分を信じることだ。からだが感じることに敏感でいれば、どうすべきか思い悩まず、本能的に行動できる。妊娠した女性は出産に際して、産むか否かを思い巡らしたりはしない。自分のからだの内なる叡智を信じ、子宮の収縮に身を委ねるのだ。

古いアイデンティティを捨てて劇的な変化を求める必要が生じたとき、私たちに前進を促してくれるのがヘビだ。しかし、ヘビの認識のレベルに留まってしまえば、他人の気持ちやニーズを顧みず、自分のサバイバルと幸福を求めて、無頓着に生きることになる。過去に自分の役に立ってくれた、なじみのある役柄やアイデンティティにしがみつくのだ。それは、自分自身の過去のアイデンティティの影響とは限らず、親からの影響や、社会の条件づけでかたちづくられたアイデンティティであることも多い。

原始的な爬虫類時代からの脳の部位は、なじみのあるものに安堵するので、その影響を受ければ古い役柄が合わなくなっていても変化を避けようとする。たとえば、結婚しても独身時代のライフスタイルをなかなか諦められない男性もいる。結婚後に親の元を離れて新たな自分の家庭を築くことに困難を感じる女性もいる。生命の危険がある病気から回復しても、恐れが捨てられず、ひ弱な患者のままの人もいる。

自分の視線が昨日を見ていては、目の前にあるチャンスには気づけない。皮を脱ぎ捨てようとするときにヘビの視力が落ちるのと同様、人も変化が必要なのにそれに抵抗すれば、視界も狭まりやすくなる。チャンスでなく危険を見てしまえば、自分に幸福をもたらし、新発見に導いてくれる新たな方法を試してみるチャンスを逃してしまう。

ロビンは10代のふたりの息子を持つ30代の女性で、人生の危機に際して、シャーマニック・ヒーリングを求めて私を訪ねてきた。彼女はふたりの息子が、自分を洗濯や掃除をしてくれる人としか見なくなったことに混迷していた。といっても彼女は母親であること以外のアイデンティティは持たず、自分の役割が子供のメイドになってしまったことに憤慨していたが、以前のように広告業界の仕事に戻るといった新たな挑戦には強い恐れを感じていた。ロビンはかつては女性ファッション誌の広告デザインを担当していたが、業界は彼女なしで進み、彼女はインターネットでのマーケティング、検索エンジンの最適化、オンライン・ショップなどには無知だった。

彼女は、家庭生活に怒りを感じており、家族のせいで病気になったと言った。体重も約13kg増え、息子を叱ろうとすると、鼓動が高まり頭痛が始まるのを感じていた。毎朝目覚めはぼんやりしていて、コーヒーを何杯も飲まなければ、クリアに考えることができなかった。自分を変えなければならないことは、彼女にもわかっていた。

私はまず、脳の海馬を修復するために、オメガ3に富んだ食物を食べることから始めるように勧めた。それはとっくに役立たなくなった、母親兼メイドという役柄に彼女を閉じ込めている古い考え方を捨てる助けになり、子供にとっても彼女にとっても有益だと説明した。また1か月間、グルテンと乳製品の摂取をやめてみて、どちらかの影響を受けているか確認することと、糖分と精製された炭水化物の摂取を避けるように勧めた。

3週間後のセッションでは、光輝くエネルギー・フィールドから古くなった刷り込みを除去するイルミネーションのワークをした。その後、机の上にいつも置いているキャンドルの火をつけた。そして、最も不快な自分の役割を小さな紙片に書いてそれを巻き、祈りを吹き込み、ロウソクの火で燃やすように指示した。指先が熱くなったら、置いてある砂を敷いた金属の受け皿に落とす仕組みだ。古びたアイデンティティを自分に強いる、使い古しの役柄を意図的に捨てる方法として、象徴的にそれらを灰に帰させる儀式だ。

最初に彼女が手放したかったのはメイドの役柄だった。「もう、たくさん！」と彼女は叫んだほどだ。次に彼女は、「注文に即座に応える料理人」「洗濯婦」「妻」、そして最後に「広告会社の管理職」の役柄を燃やした。以前のキャリアを脱ぎ捨てることで、彼女は彼女自身と業界の変化を融合させた新たな役柄を演じる可能性を拓いた。彼女は新しいやり方で、自分のスキルを広告業界かその他の分野で活かすことを望んだのだ。

シャーマンがずっと昔から理解していた、脳を変える儀式のパワーを、神経科学者たちも最近になって確認した。ロビンが利用したような小さな儀式によって、自分の認識を、型通りにしか働かない大脳辺縁系から抜け出させ、より高度な神経回路を利用できるようにする助けになるのだ。

ロビンは古びた役柄を火にくべながら、大きな安堵のため息をついた。しかし、彼女はひとつの役柄は維持することにした。「母親」の役柄だ。「生涯、子供たちの母親ではあり続けるけれど、メイドはもうやめるわ」と彼女は言った。

まず脳の海馬を修復してから古びた役割を燃やさなければ、彼女にとってこのエクササイズは、良い意図に基づいた風変わりな行動でしかなかっただろう。良い意図は忘れやすく、意志の力も長続きしにくく、自分の態度や固定観念を本当に変えるのは難しいのだ。

セッションを終えて家に帰ったロビンは、夫を含むすべての男性陣に、インターネット・マーケティングを学ぶために、学校に行くと宣言した。「ご飯を食べたければ、自分で調理して」と言った。「服を洗濯したければ、洗濯機と乾燥機の使い方を覚えて」とも言った。そして、自分の意志を貫いた。２週間の間、家中に汚れたお皿や服が溜まり、惨状となった。しかし、空腹や衛生への欲求から、男性陣は態度を改めた。

ヘビが脱皮するときには、自分が自然に守られていることを信じて、やわらかでひ弱なおなかを晒《さら》す。同様に、人もヒーラーの旅路では、自分がこれまでの役割やアイデンティティを捨てても、安全だと信じることが必要だ。

地元のコミュニティーカレッジで、クラスで最年長の学生となったロビンは、自分の新たな方向性に不安を感じた。そして、夫や息子を惨状から救おうとする自分を抑えなければならなかった。しかし、新たな学習に関わる脳の海馬を修復していたことで、彼女は古びた役柄から自分を解放できただけではなく、主婦の役柄だけで生き延びる代わりに、マーケティングの上級管理職として成功するためのスキルを修得できたのだ。

ロビンと私は、彼女が持っていた母親の元型のイメージも変えた。彼女が以前持っていた母親の象徴は、永遠にすべての人に母乳を与え続ける巨大な乳房だった。しかしそれは、鋭い爪の前足で、成長した子供を叩き、巣立ちの時を知らせる母親ジャガーのイメージに変わった。

パーシヴァルと男性性の癒し

アーサー王の円卓の騎士パーシヴァルの伝説は、根源的な円満さと癒しの探究と、進化するために過去のアイデンティティを手放すことの苦闘を描いている。パーシヴァルにとって、ヘビのワークは傷ついた男性性の癒しを意味する。つまり、美・感情・愛といった、ほとんどの男性にとっては眠ったままになっている内なる女性性を融合することで、より悟りがひらけた新たな男性性を体現するのだ。

パーシヴァルの伝説の中心は、聖杯、つまりキリストが最後の晩餐で手にした酒盃だ。聖杯は癒しの女性性の具現化で、パーシヴァルの探求はその聖杯を求めたものだった。

この伝説によれば、「無垢の愚か者」を意味するパーシヴァルは赤ちゃんの時に父親を亡くし、ウェールズの森で、男性の目と戦士たちの道から隠され、母親に育てられた。しかし、思春期になった彼は、馬で森を駆け抜ける騎士団を見た。少年にとって、彼らの輝く鎧やたなびく旗には抗しがたい魅力があった。男として勇気を示したいという内なる欲求にかられた彼は、聖杯を探す騎士団を追いかけることにしたのだ。

パーシヴァルの母親は息子を失うことを恐れて嘆いた。いつまでも自分のそばにいる少年でいてほしかったのだ。彼が騎士になれば、遠くの地で敵と戦い、戦いの人生を送ることになるのを知っていた。「どうしても行かなければならないのなら、貞操を守り、誰にも質問はせず、お前の母親とその固い愛を思い出させるこの手作りのシャツをいつも着ていておくれ」と彼女はパーシヴァルに言った。彼はそうすることを誓った。私たちは幼い頃に、親がくれた役柄がいつか自分を制約することになるとは知らず、両親の指示に従い、文化に順応するのだ。

パーシヴァルは聖杯を探す挑戦に挑み、騎士を探す旅に出かける。森を出るとすぐに彼は結婚式の披露宴の準備をしていた若い娘のブランシェフルワー（白い花）に出会った。ブランシェフルワーは男性女性を問わず、誰もが持つ内なる純粋な女性性のエネルギーの象徴だ。パーシヴァルが完全な男になるためには、性愛の資質も発揮しなければならない。しかし、頭の中で母の言葉が響き、貞操を守るという誓いを破れなかったパーシヴァルは、ブランシェフルワーとの結婚を拒否し、その代わりに戦士としての人生を選んだ。今日でさえ、若い男性が大人になるために入門するのは、愛の世界ではなく戦争だ。

探求の旅を続けたパーシヴァルは、アーサー王の宮廷でみんなを打ち負かしたばかりの赤い騎士に出会った。「どうやったら騎士になれるのか」と尋ねると、「アーサー王の元へ行け」と言われた。しかし宮廷では誰もパーシヴァルをまともに相手にしなかった。彼が馬と赤い騎士の鎧を願い出ると、アーサー王は笑い、「赤い騎士を負かしたら、馬と鎧はお前のものになる」と言った。

誰もが驚いたことに、パーシヴァルは赤い騎士に決闘を挑んだだけでなく、その決闘に勝ち、赤い騎士を殺した。これでパーシヴァルの内なる男らしい戦士は目覚めた。しかし、威張ってみせても、彼の男性性が完全に形づくられていたわけではなかった。鎧の下には、まだ母親の作ったシャツを着ていたのだ。

先に進んだパーシヴァルはお城に着いたが、そこは伝説に名高いフィッシャー王が聖杯をしっかり守っているお城だった。一説によれば、性的なパワーの濫用で股間を痛めたフィッシャー王は、男性性が不完全な男の象徴だ。生殖できない彼の領地は不毛で、彼の相手は欲求不満だった。これは、愛の世界に入門し聖杯で癒されることができないままでいる現代の男性の症状を示している。家族を幸福にするために勤勉に働いてはいるかもしれないが、そのためにパワーを失い、感謝されず、愛されていないと感じているのだ。

フィッシャー王はパーシヴァルに聖なる剣を与えた。剣は、女性のパワーである聖杯を守るためのパワーをもつ、男性原則の象徴だ。フィッシャー王は宴会を開き、食事の最後に聖杯を持ってこさせた。誰もが期待を込めて見守った。

伝説によれば、無垢な若い男が「この盃《さかずき》は誰に仕えるのか」と尋ねると聖杯のパワーが解き放たれ、霊薬がすべての傷を癒すとされていた。しかしなんということか、盃が回ってきても、パーシヴァルはそれが聖杯だとは気づかなかった。「質問はするな」という母の命令に従い、彼は躊躇《ちゅうちょ》もせずその盃を次の人に渡してしまった。初心者にはその盃はただ酒を飲むための盃にしか見えなかったのだ。

翌朝パーシヴァルが起きると、お城は空《から》で、外には彼の馬がいた。彼が橋を渡ると聖杯のお城は背後の霧の中に消えた。彼は旅を続け、困っている少女たちを救い、敵に囲まれたお城を解放し、普通のヒーローのように活躍して騎士としての自分の価値を証明した。アーサー王のお城では、円卓の騎士たちが彼を歓迎した。しかし、パーシヴァルの凱旋を祝福していると、魔女が宴会を邪魔しに来た。その老女は「聖杯について質問しなかったから、すべての人類のためになる癒しのパワーを解き放ちそこねた」とパーシヴァルを叱った。老女に叱られ、揶揄《やゆ》されたパーシヴァルは、再び聖杯のお城を探して自分の間違いを正す旅に出かけた。

しかし、深く確かな愛や満足感を得られない多くの男たちと同様に、目的を果たせず、何年も彷徨い続ける羽目になった。

やがて年老いたパーシヴァルは、旅人たちに会い、「聖なる日の金曜日なのに鎧を身に着けている」と責められた。騎士の鎧を脱ぐや、聖杯の城への道順を知らされた。

そこで、やっと……と書きたいところだが、物語は、パーシヴァルがフィッシャー王のように男性性を傷ついたままにしていた呪縛を解き、魔法の質問をしたところで終わっている。純粋な癒しの力をもつ女性のパワーを秘めた盃から飲むことで、パーシヴァルは完全になった。男が戦士のペルソナである鎧を脱いだときに初めて、聖杯から飲み、聖なる女性性に癒されることができたのだ。

男性女性を問わず、誰もが聖杯を探している。聖杯に守られた霊薬は、男性が支配する暴力的な歴史や、両親、文化の影響で負った傷を癒してくれる。パーシヴァルのように、私たちの多くは鎧に身を固めている。ビジネススーツやタフな態度を鎧として、毎朝戦いに出かけ、敵に囲まれたお城を解放しているが、そうした努力に対して感謝もされず、満足感も得ていない。

パーシヴァルは自分の過去と戦士としてのアイデンティティにつなぎ止められていたから、成るべき男には進化できなかった。聖杯を取り戻すという約束を果たせなかったから、その土地の人々は苦しんだ。男性も女性も、こうあるべきだという自分の姿や恐れ、失望を手放せば、遭遇する新たなチャンスに気づく。好奇心を持つことや、質問したり、リスクを負うことを恐れなくなる。

しかしそれにはまず、鎧を脱ぎ、その下に着た母親の手作りの服を脱がなければならない。剣を置き、感情の鎧を脱ぎ、慣れ親しんだ課題や闘いから歩み去るには勇気がいる。それこそ、自分の進化に欠かせないステップなのだ。このステップを踏み出せなければ、聖杯は認識できず、癒しのパワーも全開にできない。

私たちは、誤解され感謝されない戦士という役柄にしがみつき、なりたいような人になれず、チャンスを逸したのは親のせいだと親を責め続けていることさえ認識していないのかもしれない。しかし、被害者役から自分を解き放つには、自分の親も、その親や何世代前の人々もパーシヴァルの神話を生きていたのだと認識する必要がある。ヒーラーの旅路は責めの連鎖を断ち切り、新たな役柄を得て、自分だけでなく将来の世代も自由にしてくれるような物語を書くことだ。

きつくなるとヘビが脱皮するように、人も生涯にわたって、アイデンティティを脱ぎ捨て続ける。すべての役柄が、やがてはクローゼットにかけて、状況に応じて着たり脱いだりするスーツのようなものなのだ。

南のワークを済ませ、自分の聖杯を発見したら、夢うつつの状態で生きずに、主体的に自分の夢を現実にしていく自由が得られる。癒される側ではなくヒーラーになれる。受け身に人生を生きるのではなく、人生の創造主になれる。

ヒーラーの旅路を終えたら、メディスン・ホイールの次の方角、西が待っている。ジャガーの道だ。

エクササイズ

古くなった役柄とアイデンティティを燃やす

小さな灯火の儀式は、過去の制約から逃れて先に進むために、脳の回路を配線し直して、役に立たなくなった役柄とアイデンティティを脱ぎ捨てる練習として効果的だ。シャーマンの修行を実践する際には、常に自分の目的に集中することが必要だ。そうでないと、儀式は深遠な変身力を発揮できない。

伝統的なやり方では、数人のグループで屋外で大きな焚き火を囲むのだが、ひとりで室内で行うことにも意義がある。

必要なのは、高さ10㎝以上の太いキャンドル、爪楊枝ひと箱、マッチと耐火製の鉢（器は半分くらい砂を敷いても良い）。

キャンドルに火をつけたら、爪楊枝を1本ずつ手にとり、自分にとって役に立たなくなった役柄を考え、不要になった役柄やアイデンティティのエネルギーをすべてその爪楊枝に移すようにイメージする。そして、爪楊枝の先を火にかざす。爪楊枝が燃えだし、熱くて手に持っていられなくなったら、鉢の中に落とす。これを繰り返し、不要になったため手放すべきすべての役柄やアイデンティティのエネルギーを、ひとつずつ爪楊枝に吹き込んで燃やす。

私が初めてこの儀式をしたときには、父親役から燃やし始めた。爪楊枝を火にかざしながら、私は父親から受けた愛と教えに感謝した。完璧ではなかったが、父がベストを尽くしてくれたことはわかっている。次に、どうすれば息子と父の関係を築けるかを教えてくれた私の息子たちに感謝し祈りながら、息子の役を手放した。そして、夫役、恋人役、ヒーラー役、被害者役を燃やし続け、結局２００もの役柄とアイデンティティを燃やした。あなたの場合は、そんなにたくさん燃やさなくてすむことを祈っている！

10章
聖なる女性性への旅路

ある日のこと、マリアが水瓶に水を満たすために泉のそばに立つと、神の使いの天使が現れ、こう言った。

「あなたに祝福を。あなたのおなかに神が棲まわれる用意ができました。天から光が降り、あなたの中に棲まわれるのです。そして世界は輝きに包まれます」

――マタイによる福音書

死の恐怖に直面し、女神に出会う

女性性の象徴である聖母は、聖母マリア、カーリー、クァンイン（観音）、またはすべての仏の母たる知恵そのものというようなかたちで、様々な文化で表現されている。シャーマンが聖なる女性性に出会おうとする場所は、「聖母の領域」、私たちが死に直面したときに旅する内なる豊かな暗闇の世界だ。この旅路はメディスン・ホイールでは西の方角で、太陽が死を迎える方角だ。

現実の世界でも、人は聖なる女性性に憧れる。男性が女性に女神を見いだしたときには、その女性が彼の人生を困難なものにするまでは、男性は恋に落ちたままでいる。

一方、女性がこの世で聖なる女性に出会ったときには、自分自身にもそのパワーや美を見いだす代わりに、アイドル視するか、嫉みを感じがちだ。


ギリシャ神話に出てくるスポーツマンのアクテオンと、狩りと月の女神アルテミスの物語は、人が予期せず聖なる女性に出会ったらどうなるかを示している。

友人と犬と一緒に狩りをしていたアクテオンは、友人が休んでいる間に、まだ分け入ったことのない森の奥に進んだ。すると松の木とヒノキに囲まれた渓谷に着いた。そこには清らかな小川が流れていて、その浅瀬でアルテミスが妖精に囲まれ、裸で水浴びをしていた。アクテオンは驚き喜んだ。女神は川岸にサンダルと衣を置き、そのそばに弓矢と槍も置いていた。アクテオンに気づいた妖精が、慌ててアルテミスを自分たちの裸身で隠そうとした。聖なる女神を限られた生命をもつ人間の男性の欲深い視線から守ろうとしたのだ。

しかし、アルテミスは小さな妖精の後ろに堂々と立ち、その全身を誇り高くアクテオンに晒《さら》した。そして「これで『アルテミスの裸身を見た』と言えるでしょう」と言うと、アクテオンの顔に水をかけた。

たちまちアクテオンの頭に角が生え、彼のたくましい首は長く伸びて毛が生え、腕は前足に代わり、手には蹄《ひづめ》が生えた。慌てて逃げ出したアクテオンは、自分があまりに速く走れるようになったことに驚いた。息が切れたので水を飲もうと池の前で身をかがめると、水に映った自分の姿は牡鹿になっていた。その瞬間、自分の猟犬が彼に向かって吠え立てているのに気づいた。恐怖にかられて逃げたが、犬はすぐに追いつき、彼の脇腹に噛みついた。アクテオンはその犬の名前を呼んで自分が飼い主だと知らせようとしたが、口からは奇妙な音が出ただけだった。瞬く間に犬はアクテオンの下腹を食いちぎり、内臓を引き出した。アクテオンは血を流して死んだ。

性欲にかられたアクテオンは、男性の生殖力とパワーの象徴である牡鹿に姿を変えられた。つまり、女神は彼を男性の最も理想的な夢のファンタジー、生殖力に長けた種付け動物、角の生えた人神に変えたのだ。古代の石器時代のアートでは、シャーマンは角の生えた生き物として描かれている。フランス・アリエージュ地方の有名なレ・トロワ・フレールの洞窟壁画『魔術師』がその例だ。

今日でも男性だけのパーティーは、「スタッグ（牡鹿）・パーティー」と呼ばれる。一方、女神はすべての願いを聞き届ける存在として描かれる。気をつけないと、自分の落とし穴になるような心の奥底にある無意識の願いも、すべて叶えてくれる存在だ。

ジャガーとの出会い

日が西に沈ずみ、ジャングルに夜の不協和音をもたらす。暗闇の中を黒光りしたジャガーがひっそりと動く。

シャーマンにとって、ジャガーはパワフルで聖なる女性性の象徴だ。熱帯雨林には天敵のいないジャガーは、恐れ知らずに生きているが、滋養に必要なものしかジャングルから奪わない。欲やスポーツ、または食料が枯渇することを恐れて狩りはしない。もっとしたい、もっと欲しい、もっとこうなりたいといった理由から駆け回ることはしないのだ。ジャガーには自分を証明する必要はない。必要に応じて狩りをし、探求し、眠るジャガーは、安全でバランスのとれた生涯を送る。

米国南西部やメキシコのジャングル、アンデスの高地で暮らす先住民の間では、ジャガーはワン・スピリット・メディスンの癒しのパワーの象徴だ。それは西欧の医師の間で、ワシの羽根の王冠をつけた二匹のヘビが絡まる「カドゥケウス」が癒しの象徴となっているのと同様だ。実際、アメリカ大陸の最古の文明とされるメキシコのオルメカ文明はジャガーの大ファンで、アートにも描かれ、半人半ジャガーの存在を描いたものも多い。

マヤ族にとっては、ジャガーは死と、生命循環として死を受容することの象徴だ。スペイン人に征服する以前には、マヤ族の高僧はマヤ語でジャガーを意味する「バラム」と呼ばれていた。彼らは死後の世界を旅することができるからだ。

彼らは象徴的な儀式により冥界へ旅することで、死への恐れを克服し、不死の霊薬を持ち帰る。聖なる女性性に目覚める私たちの旅路では、ジャガーの叡智を体現化し、すべての生物のために仕えるには自分の内部で死んだものを新生させることが必要だと信じ、未知への恐れを手放すことが目的となる。生と死の循環により調和が再び確立される。すべての種族は、自然のバランスの一部として繁栄するのだ。

私たちにとってジャガーは、周囲にどんな危険があっても安心安全を感じ、慢性病知らずで生きられることを約束してくれる存在だ。ジャガーのワークを経て、必要なものはすべて人生が提供してくれることを発見する。自分が人生の目的に従い、行くべき方向に向かっているのだという確信をもって、大胆な一歩を踏み出す自信をジャガーはくれる。ジャガーのエネルギーは、世界がどれだけ狂気に満ちていても、私たちが恐れや困惑から麻痺しても、深刻な病気の恐れに直面しても、バランスと正気を失わずにいられるパワーを私たちにくれる。ジャガーは私たちにパワーと自信を取り戻させ、健康も回復させてくれる。ジャガーの導きでさらに遠くまで行けば、ジャガーはあなたを女神の領域に導き、そこで女神の叡智を直接得られるだろう。

死を乗り越えるというこの概念を理解するには、古代アメリカ人の哲学を考えてみる必要がある。彼らは、人の本質は死を超えて生き続けると信じていたし、今でもそう信じる人は多い。しかし、魂は永遠とする西欧の宗教の考え方とは異なり、古代のシャーマンにとっての不死とは、単なる種子にすぎず、死を超えて意識を存続させるには、その種子を目覚めさせ力づけることが必要だと考えた。だから、アマゾンのシャーマンが言うように、「生きたままでこの人生を去る」には、スピリチュアルな修行に全人生を注がなければならない。

マヤ族はこの過程を「内なるジャガーのからだの目覚め」と呼び、それをマスターした高僧であるバラムたちは、マヤ族の予言の守り手となった。チベット仏教では、このジャガーのからだは「光のからだ」と呼ばれる。メディスン・ホイールのワークでこのワークを修得すれば、あなたのうちにある不滅の種子を芽吹かせることができる。

やがては死ぬ運命を自覚する

生まれて初めて自分の死について考えたのは、いつのことだったか。自分がいつかは死ぬのだという事実に初めて直面したときのことを、あなたは覚えているだろうか。

思春期には、死は他人には起こるが自分には決して起こらない何かのように思っているから、死には鈍感だ。だからこそ、ビールを大量に飲んだ後に車の運転席に乗り込み、大勢の友達も乗せて曲がりくねった山道を下ったりする。物理の法則が自分たちにもあてはまることは無視して、安全などまったく顧みずカーブを疾走するのだ。そしてある日、愛する人に死なれたり、事故を起こしたり、病気になったりして、死が常に寄り添っているという事実に直面する。

実際、死ぬべき運命に関してはふたつの偉大な気づきがある。

ひとつめは、自分が一時的な存在で、この地上での人生がいつかは終わると認識したときに起こる。それをしっかり心に留めれば、一瞬一瞬が大切だと知ることになるから、その後の人生は永遠に変わる。

ふたつめの偉大な気づきは、死への恐怖を乗り越えたときに起こる。私たちの本質は、時間に縛られない超時間の性質を持っているから、死なずに永遠に存続できると理解するのだ。自分が永遠の存在という理解は、単なる知的な理解であってはならない。細胞レベルでの、腹で感じるような感覚でなければならない。

農耕以前の民族社会の多くでは、肉体的な存在を超えて生命が存続することを実感できるように、象徴的に死と直面することで人に気づきをもたらす通過儀礼があった。

通過儀礼で意図的に死を招くか否かにかかわらず、死への恐れを克服できれば素晴らしい解放感が得られ、混沌とした日常の中に調和を見いだす創造力が発揮できるようになる。ジャングルの不協和音が音楽に変わるのだ。悲劇をより満足できる新しい生き方のきっかけにすることができるようになる。そして、自分にとってより豊かな人生、より持続可能な社会を思い描くことができるようになるのだ。永遠の時を共に生き続けることがわかれば、この地球とすべての生き物の役に立ちたいという使命感も生まれる。

ジャガーのワークを経て、自分のために自分で新たな物語が書けるようになれば、フレッシュなパワーが得られ、目前の心配にとらわれることはなくなる。しかし先を急ぐあまり、しっかり死の恐れを認めずに棚上げしようとしたり、全速力で危険から逃れようとすれば、通過儀礼は完了できない。間一髪で死を逃れても、運が良かったとしか考えられず、自分の本来の性質を発見するための招待状とは気づけない。

恐れがベースとなった過去の行動パターンに滑り戻れば、終わったと思っていた問題も戻りやすい。ジャガーの挑戦に応え損ねれば、人生は再び手いっぱいになり、本当に重要なことに対処する時間はなくなる。

恐れの本来の役割は危険をいち早く知らせる警報にすぎないことを認識し、常に恐れた状態でいることを常習としなければ、恐れのうまい使い手になれる。恐れは周囲にある危険の可能性を知らせ、適切に対応できるようにしてくれる。しかし、恐れが一過性ではなく脳に常駐するようになると、人はその虜になってしまう。ＨＰＡ軸が働きすぎ、人生はすべての面で混沌としたものになる。

生物学的にみれば、健康は体内の複雑さと調和の度合いで決定される。自然は複雑さを好む。人間は単細胞の生物から、高度に特化した生物に進化した。しかし、複雑さだけでは健康は創りだせない。システムとして辻褄《つじつま》が合い、調和してなければならないのだ。１００人が１００の楽器を演奏しても、オーケストラにならない。音楽にするには、調和した演奏が必要なのだ。

からだのシステムが複雑で、合理的に機能しているほど、健康は増進できる。自然な心臓の鼓動の変化である心拍数の変化は、全般的な健康の目安のひとつとなる。心拍数がより変化可能なほど心臓は健康で、からだの様々なシステムが調和しているほど、健康で抵抗力も強いということになる。

複雑さと合理性の重要性は細胞レベルでの健康にもあてはまる。秩序のとれた細胞は健康を創造する一方、無秩序な細胞は原始的な状態に戻り腫瘍を形成し始める。混沌とした細胞はからだから栄養分を奪い、健康な細胞とは異なり死ぬことを拒む。細胞内で、より若く元気な細胞と交代するよう、細胞を死に向かわせる時計を管理する構造体ミトコンドリアの指示を無視する。

細胞が複雑さを失うと、脳は健康な脂肪ではなく糖分を栄養源とするようになる。だから、ガンやその他の病気を癒すには、糖分と炭水化物を排除したダイエットがとても重要なのだ（文献1）。

ガン細胞は体内で増殖し、暴れ、結局はその栄養源であるホストを殺す。自然な人生の一部である終末を拒否すれば、細胞レベルでの出来事は人生にも反映されることになる。死への恐れに乗っ取られれば、それが今後の経験を決定し、結局はあなたの生命力を奪うことになるのだ。

終末、移行、そして始まり

古びたものの死が移行を導くことを、私たちは恐れてはならない。それが肉体であれ、ものの考え方であれ、人間関係であれ、状況や夢であれ、その死を意識的にしっかり経験して乗り越えられれば、健康的な成長が新たに始まる。

アニーは私にとって最年少のガン患者で、たった12歳だった。私のワン・スピリット・メディスンなら彼女の脳腫瘍を直せると期待した両親が、彼女を私の元に連れてきたのだ。それまでにあらゆる治療を試したが効果がなく、私に最後の望みを託していた。化学療法で髪の毛がすべて抜け落ちたアニーが私のクリニックの大きな革張りの椅子に座ると、まるで小さな仏のようだった。

私はアニーの両親に、癒しと治療の違いを説明した。治療は症状をなくすことだが、癒しはより深いレベルで、病気をもたらした不均衡の原因に対処することだ。医療では治療の成功が理想だが、癒しは人生のすべての要素を変身させる旅路の結果で、それは死に至ることもある。癒された自分自身に次の生をもたらすこともあるのだ。

私は両親には待合室で待つように頼んだ。そして、アニーとふたりだけになり、数分間何気ないおしゃべりをしていると、アニーが突然「恐くはないの」とはっきり言った。夢の中に天使が毎晩現れ、時には日中に現れることもあると彼女は続けた。

しかし、彼女の両親は娘の死を恐れていたため、「親には天使のことは言えないの」とアニーは言った。でも、私ならわかってくれると思ったのだ。私には理解できた。この世とあの世を隔てる境がアニーには消え始め、彼女の魂は故郷に帰る偉大な旅路の準備中だった。しかし、彼女の両親は、もちろん彼女を生かし続けることに全力を注いでおり、そのためにあらゆる専門医に彼女を連れ回し、ついに私のところにまで来たのだ。

私はシャーマンとしての経験が長かったから、死が生の一部だと理解していた。患者を平安に意識的に死なせることも、素晴らしい癒しであることもわかっていた。だから私は彼女のエネルギー・フィールドとからだにバランスを取り戻すための、イルミネーションのワークをした。イルミネーションはシャーマンが行うエネルギー療法の核となるヒーリング・ワークで、人の光輝くエネルギー・フィールドから病気の足跡を消すことで、からだの自己治癒力を活性化させることを目的としている。

アニーは医師から余命は長くないと宣告されていた。しかし、死は精神世界で続く生命にとっての入り口にすぎないことを私は知っていた。私はアニーが目前となった偉大なる旅路に、より身軽なエネルギーで向かうことができるように、彼女のチャクラに溜まっていた重たいエネルギーを取り除いた。寝台に横たわったアニーは深い眠りに入ったが、チャクラに巻き付いていたエネルギーを解放するたびに、彼女のからだはピクッと動いた。

セッションの最後に、彼女を飲み込むほど大きな革張りの椅子に座り直したアニーは微笑んでいた。「私は大丈夫?」と彼女は私に尋ねた。ふたりとも、彼女が何の話をしているのかわかっていた。イルミネーションのワークをしている最中に、私は天使が来ているのを感じていた。「もちろん大丈夫だよ」と私は答えた。すると彼女は、どうしたら両親を助けられるのかと尋ねた。「ふたりともすごく恐れているの」と彼女は言った。私は多くの子供たちが見せるこうした叡智にいつも驚く。そして、大人にはそうした叡智がないことにも同様に驚かされる。

診療室に入ってきた両親は、私たちがふたりとも微笑んでいるのを見た。アニーは素晴らしいワークをしたことを、両親に伝えた。私は、アニーの食生活からグルテンと糖分、乳製品、アレルギー源になりそうなすべての食品を排除するように指示した。そして化学療法で損傷した脳を回復させるよう、オメガ3脂肪酸を毎日摂取するように勧めた。人生の最期ほど、脳が完全であることが重要な時期はないのだ。霊的な世界に意識的に旅立つには、脳神経回路がしっかり機能している必要がある。

その数か月後、アニーは微笑みを浮かべて、天使に抱かれて旅立ったそうだ。

愛、そして手放すということ

森を覆う緑も下草も、大地が動物の死体の腐敗で滋養を得られなければ育たない。ジャガーでさえ、死んだらその屍《しかばね》が木を育て、それが猿を育て、それが次世代のジャガーのご馳走となるのだ。死がなければ森の生命のバランスは保てない。同様に私たちの人生に終末がなければ、環境との調和のなかでは生きられない。新たなものが誕生するには、古いものの死が必要なのだ。死と生は常にバランスを保っている。ジャガーのワークは、人生にしっかり取り組み、すべてを犠牲にしてでもチャンスを掴む生き方と、より大きな創造の過程に身を委ねられるような、受容と許容力のある生き方のバランスを見つける役に立つ。攻撃的な男性性のエネルギーと、受け身の女性性のエネルギーの微妙なダンスだ。

それは母なる地球は常に豊かな恵みをくれるのだから、必要以上に奪ったり、溜め込むことはないと教えてくれる。曲がり角の先にあるものには、今は目をつむるほうがよいのだと信じることができるようになる。

ジャガーのワークを経て、私たちは過去にとらわれずに、より楽観的に想像力豊かに生きられるようになる。日没を憂《うれ》う代わりに夜空を楽しみ、ふさわしい時に日がまた昇ることを楽しみにできるようになるのだ。若さや財産、愛する人、自分の健康といった、今所有しているものへの執着は薄れ始める。私たちと死の関係は健全なものになる。

エントロピーとは物理の法則で、宇宙のすべては混沌と無秩序、破壊と死に向かうというものだ。一時的な無秩序と方向感覚の喪失は、より高いレベルでの秩序への前奏なのだ。新しい人間関係、新しい仕事、新しいヘルスプランなどを始めるときに、私たちはそれを体験する。変化には危険がつきものだが、新たにより良い何かが生まれる可能性もある。

メディスン・ホイールの西の方角では、破壊と再生の循環、宇宙の自然な秩序を理解する。創造的な混沌からより偉大な調和とバランスが生まれることを、より深いレベルで認識する。

ヒンズー教では、破壊と再生の循環は宇宙を支配する三神から成る三位一体の「トリムルティ」で象徴されている。創造神の「ブラフマー」、維持神の「ヴィシュヌ」、そして破壊神の「シヴァ」がその三神だ。

いったん恐れに直面し、喪失の感覚と絶望を、自分のからだの骨身に沁み渡らせて体験したら、もう否定することも逃げることもできなくなり恐れは発散される。そうしたら、新たな生命を生み出す原始のスープ、言い換えれば創造の混沌の中にどっぷりと浸かれる。注意深くつま先だけそこに足をつけてみるのではなく、どっぷり浸かることが、新たな存在となるための認識を得る通過儀礼の唯一の体験法だ。未知に対して心の底から恐怖におののくことを自分に許すことで、対岸にいることの安全性を手放し、リスクは認識しつつ、可能性に期待して、慣れない水の中に飛び込めるのだ。

愛する人を失うことへの恐れから、他人を真から愛することに躊躇《ちゅうちょ》する人も少なくない。私も20代後半には、自分で慢性失恋と呼んでいた状況が続き、深い愛情関係には二度と落ちるまいと自分に誓っていた。深く執着していた恋人を失う痛みが耐えがたかったのだ。そして、感情的に不毛な2年間を過ごした後に、私は自分の誓いがいかに不毛なものかを悟った。愛には保証などないのだ。

ある日、私はスーフィズムを代表する13世紀の詩人、ジャラール・ウッディーン・ルーミーの詩を読んだ後に、自分の恐れに直面する決心をした。ルーミーは愛する人にこう言った。

「私が存在しなくなり、あなただけがここにいる」

これは、私が愛情関係について考えていたこととは正反対だった。私が自分に呟いていた呪文は「あなたは存在しなくなり、私だけがここにいる」だったのだ。

私は少しずつ、ルーミーの言っていることを理解し始めた。実際には、すべての愛とは「グレート・スピリット」、つまり真に愛すべき対象への心の奥深くからの希求なのだ。つまり私が最も恐れていたのは、自分のパートナーを失うことではなく、自分自身を発見できないことだったのだ。

冥界からの帰還

新たな夢を躊躇させてしまう恐れを克服することは、神話の普遍的なテーマとなってきた。したがって、死と再生の神話の旅路を理解すれば、ジャガーのワークの役に立つ。

ギリシャ神話では冥界は悪霊や川やマジカルなパワーに満ちた複雑な場所で、その影の領域を支配し、その秘密を知る女王がいた。伝説によれば、人間として冥界に入り無傷で帰ってくることができたのはヘラクレスで、彼は三つの頭を持つ冥界の番犬ケルベロスを負かす力持ちだった。ヘラクレスは勇気と強靭さで、生きて帰ってこられないとみられた使命から生き延びられた。

恐れから走って逃げたり、それを抑えようとせずに、恐れと寄り添うには勇気が要《い》る。しかし、勇気が無謀に変われば、それは私たちの破滅となる。

吟遊詩人のオルペウスもその例だ。彼は、妻のエウリュディケが死んでハデス（冥界の神）に連れ去られた後、妻を追って冥界に入った。そこで甘い音楽を奏でて、妻を生者の世界に連れ帰れるよう、ハデス王とペレフォーネ女王を説得した。しかし、冥界からの出口の直前で、オルペウスは愛する妻の姿が見たくなり、ハデスの命令に背いて後ろを振り返った。その途端に、妻は影の世界に永遠に消え去った。オルペウスは生き残ったが、彼の愛は永遠に失われたのだった。

プシュケー——黄泉《よみ》の国への旅

神聖な女性の癒しのパワーは、黄泉の国に下り、生き残ったもうひとりの人間プシュケーの例からもわかる。プシュケーとはギリシャ語で「魂」を意味する。彼女の物語は男性でも女性でも、死を乗り越え、愛の世界に入門する人が経なければならない旅路を描いている。

王の末娘で最も愛らしかったプシュケーは、誰からもとても愛されていた。しかし、愛の女神アフロディーテに嫉妬され、プシュケーを追い求める男たちはみなアフロディーテに追い払われてしまった。困った王がお告げを求めると、娘を山の岩につなぎとめ、恐ろしいモンスターのデス（死）と結婚させなければならないというご託宣が下った。

この神話は、新鮮なアイデアや変化の可能性に満ちた私たちの内なる若さや純粋さは、古いやり方を好む者にとっては脅威であることを示している。プシュケーの場合には思いがけない方法で死に直面することを強いられたのだった。

アフロディーテはプシュケーに向けて愛の矢を放つよう息子のエロスに命じた。プシュケーがデスに惹きつけられるようにするためだった。しかし、プシュケーに矢を放とうとした瞬間、エロスはプシュケーの美しさに気を取られ、愛の矢で自分を傷つけ、自分がプシュケーに恋してしまった。プシュケーの美と生命力は破壊しなければならないと信じた母の脅しも無視して、エロスはプシュケーを山奥の自分の住処に連れ去った。この神話が指摘するように、死への恐怖や喪失とは、私たちの美と生命力の破壊なのだ。

エロスはプシュケーを愛し優しくしたが、ひとつだけ掟があった。プシュケーは決してエロスを見てはいけなかったのだ。自分が神であることを知られたくなかったエロスは、夜、暗くなってからしかプシュケーに会いに来なかった。プシュケーはその条件を受け入れ、見えない夫を喜んだ。しかし、彼女の姉妹が訪れ、プシュケーの幸運を妬み、夫の命令に背くよう、プシュケーを説得した。「もし彼がモンスターだったらどうするの？」とそそのかして。

それまで未知を恐れてはいなかったプシュケーだが、姉たちに警告されてからは、恐れに負けてしまった。床につく前に計画し、夫と愛を交わした後に、その顔と姿が見えるよう、すばやく明かりをつけたのだ。彼女はすやすや眠る夫の寝顔が美しかったので、モンスターでなかったことに感激した。

しかしその時、ランプの熱い油がエロスの肩に落ち、彼は目を覚ました。自分の姿を見たプシュケーに激怒し、エロスは去った。自分の恐れと社会からのプレッシャーに負けて、プシュケーは自分の幸福な人生を破壊したのだ。

プシュケーは神々に助けを求めたが、皆アフロディーテの怒りを買うことを恐れた。実際、こういう場合には神は役に立たない。伝統と古いやり方に縛られているからだ。神々は絶望したプシュケーに、この状況から救われるには、アフロディーテの赦しを得るしかないと言った。

そこで、恐怖を感じながらもプシュケーは勇気を奮って、義理の母の元に出かけた。彼女は西の方角のワーク、つまり自分の恐れに直面し克服する心の準備ができたのだ。

アフロディーテはプシュケーが厚かましくも自分に助けを求めに来たことに烈火のごとく怒った。そしてプシュケーの髪を掴んで、頭から大地に投げ落とし、四つの任務を果たせば夫が取り戻せるとした。しかしそれは達成不可能なものばかりだった。

ひとつめは、夜が来る前に山盛りの種子を分別することだった。できなければ、彼女は死ぬことになる。この任務は、「時間切れになる」という私たちの恐れを象徴している。人生ですべてを成し遂げる時間など、どこで見つけられるというのか？　重要なこととそうでないことを、どうやって区別できるのか？　私たちにとって本当に重要なことを成し遂げるための時間はあるのだろうか？

しかし、アリの群れに助けられ、プシュケーはこの任務をなんとか成し遂げた。アリは、見回しさえすれば私たちの周囲にいつも助けがあることの象徴だ。不可能そうなことをたったひとりで成し遂げられる人はいない。

プシュケーのふたつめの任務は、川を渡り、その向こうの草原で草を食《は》む、獰猛で神秘的な羊の毛を取ってくることだった。牡羊は自分より強い敵に対する私たちの恐れを象徴している。上司や家族、その他人生で義理を感じる人々というかたちで、私たちは誰もがこうした敵に直面することになる。

再びプシュケーは助けを得て、任務を達成した。川岸に生えている葦がプシュケーに、牡羊が眠りにつく日暮れまで待つように教えたのだ。牡羊がからだを擦りつけた時に葦に絡まって落ちた毛があるから、牡羊に気づかれないようにくればよいということだった。状況が自然に変わるのを待つことで、そうでなければ簡単に自分を打ち負かすであろう敵に立ち向う運命から、プシュケーは自分を解放したのだ。

第三の任務は、不眠のドラゴンが守る高い山の聖なる泉の水で、クリスタルの水瓶を満たすことだった。これは死ぬべき運命を持つ人間には不可能な任務だった。こうした命令には神々でさえ怖気づく。私たちは人生の中で、不可能にみえる任務に直面する。そしてその時に、自分はそれほど賢くない、良くない、強くない、勇気がないと恐れたら、普通なら得られないものを得るように迫られたときのプシュケーと同じ気分になる。

彼女は絶望していたが、ワシが現れ、そのツメに水瓶をひっかけて飛び去り、山頂の聖なる泉の水を水瓶に満たし持ち帰ってくれた。スーパーマンにしかできない任務を代わりに達成してくれたのだ。空高く飛ぶワシは恐れの克服に必要な、より大きな視点、高みのビジョンと、他の鳥たちが行けないところにあえて行く果敢さを象徴している。そんなワシと同様にワン・スピリット・メディスンは、通過儀礼の過程で、不確実なことに直面したときに恐れを克服し、高みを目指す助けになってくれる。アリや葦と同様に、ワシは助けを提供してくれる宇宙のパワーの象徴で、人生の中で恐れにかかわらずリスクを負う勇気を私たちが示したときに起こるシンクロニシティを示している。

プシュケーの第四の任務は、黄泉の国に下り、ペルセフォネが大事にしている美を詰めた箱をアフロディーテのために分けてくれるように頼むことだった。言葉にならないほど怖くなったプシュケーは死の世界への片道切符として、自分の命を断つ決心をした。彼女が廃墟となった高い石塔にのぼり、そこから飛び降りようとした瞬間に、その塔自体が黄泉の国の入り口がある場所を教えてくれ、ふたつの硬貨とふたつの大麦のケーキを持って行き、黄泉の国で出会うどんな影からも助けを得ず、頼まれても誰も助けないようにとアドバイスをくれた。

これは、恐れを克服する旅路における最も貴重なアドバイスだ。私たちはギフトを携えていかなければならない。そのギフトとは自分自身の能力や長所、また気前の良さや同情心といった資質だ。

そして、助けを求める相手は注意深く選ぶ必要がある。心の中では私たちにとっての最善を思ってくれている親友でも、そのアドバイスや助けが役に立つとは限らない。自分に向かって叫ぶ影の声を聞きたい誘惑にはかられたが、プシュケーは命じられたように、その影の声を無視した。そして川の渡し部に渡し代を払い、番犬ケルベロスにエサを与え、ペルセフォネからもご馳走は受け取らず、ただスナックだけをもらった。

ついに彼女はアフロディーテのために美の箱を手に入れた。他人を助けたい自分の本性に逆らい、プシュケーは誰も助けず任務達成に集中した。私たちも通過儀礼の際には集中し、私たちがすべき内なるワークを避けるために他人のニーズに気を取られることがないようにする必要がある。

しかしプシュケーは、まさに任務を達成しかかったときに、オルペウスと同様誘惑に負けてしまった。手に持っていた美の箱の蓋を開けて中身を覗いてしまったのだ。彼女はたちまち眠ってしまった。我慢が足りずに、彼女は通過儀礼を急ぎ、その結果目覚められない状態に戻ってしまったのだ。

私たちがジャガーのレッスンを修了するにあたり、彼女の愚かさは私たちにとっての教訓となる。この神話の昔のバージョンでは、プシュケーは美の箱を開けずにこの世に戻るが、神々が嫉妬からそれを取り上げ、他の人間に永遠の若さの秘密を教えないようにプシュケーに不滅の生命を授けた。しかし他のバージョンでは、すべてが失われたわけではない。プシュケーはロマンスと性愛のパワー、つまり生命を再生させるパワーをもつエロスに助けられる。

一方、プシュケーに求めさせたものが美の詰まった箱ではなく不滅の霊薬であることも、プシュケーがその箱の蓋を開けてしまうことも、アフロディーテには最初からわかっていた。プシュケーの深い眠りは、彼女を制約していた古い自己意識の死を象徴している。やがて眠りから目覚めたプシュケーはゼウスから不滅の生命を授けられた。


私たちにとってプシュケーの物語で最も重要なのは、黄泉の世界への彼女の入門だ。自分の人生を変えるために、彼女は死の恐れに直面しなければならなかった。

すべての通過儀礼では、死の領域に旅し、神聖な女性性に出会うことで、新たな自分として再生することが必要だ。これは、自分の人生にちょっとした変化をもたらすといった、表面的なものではない。聖なる女性性への旅路は、聖杯を求めたパーシヴァルの冒険と同様に過酷なものだ。黄泉の世界に行くことへの恐れに耐え、そこに留まり深く反省した後に、光と明快さが出現する。自分の傷を癒す軟膏だけを持って帰ると思っていたのでは、まったく要点を理解できていないことになる。この美が詰まった箱は、普通のシワ取りクリームや「ハデスに会いに行って帰ってきた！」というスローガンが書かれたトートバッグやTシャツのようなお土産とは異なる。この美の箱は若さをよみがえらせ、再出発をもたらすものだ。不滅の霊薬は西の方角のワークを修了したご褒美なのだ。

通過儀礼の旅路を急ぐ必要はない。死の恐れを乗り越えるのはライフワークだ。何度にもわたってその挑戦を受けるかもしれないが、そのたびに段々たやすくなるだろう。

自分を再出発させる能力を修得できたら、メディスン・ホイールの次の方角、北に向かうことができる。そこでは静止し、自分が失った魂の側面を取り返すことを学ぶ。

ジャガーと瞑想する

ジャガーは瞑想の達人だ。日向ぼっこをしている猫を見たことがあるだろうか？　猫科の動物は完全にリラックスする術を知っている。熱帯のジャングルでジャガーは木の低い枝で休み、世界の時の流れを傍観する。猿にもインコにも邪魔されることなく、しっかり警戒はしつつ、完全にくつろいでいる。たまに尻尾の先をピクッと動かすくらいだ。ジャガーはリラックスの仕方を私たちに教えてくれる。深いくつろぎだ。猫に、重要な心配事もあるのだと理解させるのが難しいことはおわかりだろう。

私たちのからだのバランスが崩れる大きな要因が、スローダウンして緊張を解くことができないせいであることは、今ではわかっている。

人の交感神経は、危険に際して戦うか逃げるか反応ができるように設計されている。そのシステムのスイッチがオンになれば、一瞬の間もリラックスできなくなる。コルチゾンとアドレナリンが血中に溢れ、危険に対処するエネルギーで満ちる。しかし、こうしたパワフルな化学物質は、ほんの短時間のみ、からだに流れるためのものだ。本当に危険に際したときには、戦うか逃げるかして、アドレナリンとコルチゾールがからだのシステムに再吸収され、呼吸がゆっくりと普通に戻れば、通常の体制に戻る。

しかし、不安で麻痺して、常に非常警戒体制になると、有害なレベルのコルチゾールが体内に残留し、炎症やニューロンの損傷を引き起こし、ついには病気になる。死の恐れを乗り越える代わりに、私たちは死の恐れに打ち負かされてしまうのだ。私たちの内なるジャガーは怯えた子猫のように木の最も高い枝に登り、そうなれば私たちは無力で、消防署に電話して、下ろしてもらうしかなくなるのだ。

私たちの誰もがいつかは死ぬ。しかし、常に死に向かって滑り落ちているように感じ続ける必要はないのだ。恐怖に人生を導かれないようにするには、ジャングルの野獣に狙われ続けているような反応を日常茶飯事にしないことだ。そのためには、死への恐れを乗り越えなければならない。

私たちの脳では、松果体が精神の分子（向精神物質ＤＭＴ）を分泌することで、副交換神経のスイッチがオンになる。そうなればバランスを取り戻し、穏やかにくつろげる。そして、生命には不滅の性質があるという、新たに発見した直感的な叡智を味わい、優美なジャガーのように生きられるのだ。

11章
賢者の旅路

見るがよい、いまだかつて誰も見たことがない不思議を。
見るがよい、ここで、今。
動くもの、動かぬものの宇宙のすべてを。
そしてあなたが見たいもののすべてを。
そのすべてが私のからだに凝縮されている。
しかし、あなたの目では私を見ることはできない。
あなたに神聖なる目を授けよう。
見るがよい、私の崇高なヨガの力を。

——バガヴァッド・ギーター

中空で静止する

３万年以上前、古代人がアジアからアメリカ大陸に移動したことで、ヒマラヤの麓《ふもと》にずっと前から住んでいた人たちの叡智がアメリカ大陸にもたらされた。ミトコンドリアＤＮＡの変異を追跡調査する分子考古学者によれば、広大なシベリアの平原から勇気ある十数人が、現在のロシアとアラスカの間のベーリング海峡にあたるベリンジアの土地を渡った。そして、北から南に下り、中央アメリカのアンデスに到着し、そこからさらに南アメリカの端のティエラ・デル・フエゴまで到達した。

その道すがら、彼らは崖穴住居をつくり、マチュピチュのような天空の城砦を築いた。だから、アンデスの神話では北は祖先の方角となっているのだ。メディスン・ホイールの北の方角は「賢人の道」、昔ながらの静止の修行だ。

北は、偉大な過去の賢人や祖先の方角というだけではなく、慌ただしい活動の中にも落ち着きを体験する方角だ。北極星は回転する天空でただひとつ静止している星だ。

ネイティブ・アメリカンの神話では、北はハミングバードの方角でもある。ハミングバードの小さな羽根がしきりに羽ばたいているとき、空中に浮かび静止しているように見えるのだ。毎年、秋にカナダから南米に渡るハミングバードもいる。海を越え数千マイルを飛ぶのだ。私たちはこのハミングバードから、静止することで、未知の領域に大胆に飛び込む勇気が生まれることを学べる。人生を、いくつもの海を越えていく壮大な旅路にするのだ。

賢人の道を学ぶことで、自分が抱えた課題や人生ドラマ、日常の些細な出来事にとらわれた普段の頭のせわしなさを超越し、自分の周囲や内側で何が起こっていても、心の平安を保てる力が修得できる。不確定性の芯に秩序を見いだし、嵐の中心に静けさが感じられるようになるのだ。

「こうなるべきだ」という固定観念を捨てることで、漠然とした日常の中でやりくりされ、修正を繰り返しながら計画が実現し、万華鏡の中に消えていくのを謳歌できるようになる。「人が計画し、神が笑う」というイディッシュ語のことわざを学ぶのが、北の方角だ。

賢人の道を修了することで新たに発見する心の内なる平和は、気づきという大きな変化の結実だ。理解しようとしたり、憧れたり、気に病んだり、避けたり、耐えたり、戦ったりするのをやめたときにのみ、私たちは祖先の叡智にアクセスできる。それこそプシュケーがペルセフォネから引き出した叡智で、非日常の世界でのみ得られる知識だ。そこでは私たちは、自分の存在の細胞の一つひとつで永遠を体験する。北の方角の贈り物は、動きの中にある静止だ。

神経科学の視点からみれば、北の方角は大脳新皮質の方角だ。人類は大脳新皮質のおかげで、より強くて身軽な動物のような歯やするどいツメを持たずとも生き延びられ、後に科学の魔法を発見し、ハッブル宇宙望遠鏡を地球の軌道に打ち上げ、ひも理論で宇宙の成り立ちさえ説明できるようになった。綿密な大脳新皮質の神経回路の中には言語、注意力、気づきのための宗教や美を享受し、芸術を創り出す能力も詰まっている。

大脳新皮質が自らの新たな才能を発揮しだしたのは5万年前、フランス・ラスコーやスペイン・アルタミラの洞窟に、神秘的な自分たちの世界を象徴する絵画を描きだした頃だ。しかし使い方を間違えれば、大脳新皮質の論理能力は、戦争や惨劇を生むためにも使われてしまう。おそらくホモ・サピエンスは、洞窟壁画を発見した直後にその破壊力を発揮して、親戚のネアンデルタール人を絶滅させたのだろう。

しかし、南の方角のヒーラーの旅路で戦士の本能をなだめたあとには、大脳新皮質がより自由に、より高尚な本能や望みをもつ助けになってくれる。原始的な脳が生み出す「誰が何を誰にした」といったケバケバしい物語にはこだわらず、歓びや慈愛、同情心をもつことができるようになるのだ。

時速100マイルで動いてもどこにも行き着けず、数百のことをしながら何ひとつ達成できないと私たちが気づき立ち止まったときに、北の方角からの贈り物が受け取れる。

北の方角の賢人の道では、「ゆったりと座り、リラックスして風景を楽しめ」という道標に従う。そのため、最初はメディスン・ホイールの中で最も修得しやすい学びのようにみえる。しかし、南の方角で自分の男性性を癒し、西における死を超える旅で神聖なる女性性を修得してからでないと、北の方角には行けない。そして北に到達したときには、何もしないというのは意外に難しいことにも気づくだろう。静止することは目的ではなく、宇宙全体を目撃し創造の広大さを体験するために必要なベース、つまり基本的な修行にすぎないのだ。

賢人の旅路では、私たちは創造のすべての側面を理解することができる神の目を修得する。しかしこの視力を得るには、静止していなければならない。

せわしない現代生活では、静止しているのはほぼ不可能なように感じる。ながら作業に慣れすぎ、デジタル機器からの絶え間ない情報を追い続けていては、ほんの数秒間でも頭を空にするのはヘラクレスの試練のような難儀だ。呼吸に意識を集中させて瞑想している間でさえ、痒くなってきたところをかいたり、姿勢を正したり、携帯電話をマナーモードにしなかった自分を責めたり……といったことに抵抗しにくい。

思考が飛び交うのは頭にとって自然で、頭の過剰活動は古代から瞑想の達人にとっても課題だった。しかし、現代の私たちの頭はより落ち着きがなく、アクション映画のジャンプシーンのように、次から次へと目も回るようなスピードで、考えるトピックが変わり続ける。しかし内なる映画をスローダウンさせ、内なる騒音を止めれば、人類の祖先の記憶庫にある膨大な叡智の溜池にアクセスできるのだ。

北の方角では、私たちが現実と呼ぶものは幻想にすぎず、毎秒ごとに私たちは現実を共同で創造しているのだと学ぶ。コメディアンのリリー・トムリンは、「そもそも現実とは何なのか？ それは集団の勘にすぎない」と言った。

宇宙は鏡のように完璧に、私たちの信条、意図、誠実さを反射しているのだと気づく。「それは何か」とは、私たちが持ち運ぶ現実の地図の産物なのだ。自分の体験を変えたければ、地図を変えるしかない。

神経学者は、この地図が脳の神経回路に埋め込まれていると信じている。シャーマンによれば、それは人の光り輝くエネルギー・フィールドの地形図上にある。

しかしあなたが信じる世界のモデルがどこにあろうと、あなたの世界に変化をもたらすには、古くなったモデルをより良いものと交換して、あなたの地図をアップグレードしなければならない。この文化圏に住む多くの人々と同様に、あなたが恐れに基づき、不足感に満ち、暴力的な地図を頼りに人生を導いてもらおうとしているなら、宇宙全体を含む広大で開放的な地図と交換しないと、ワン・スピリット・メディスンに向けて自分をオープンにすることはできない。

戦士のアルジュナは、クリシュナ神との対話でそれに気づいた。それが古代ヒンズー教の教典『バガヴァッド・ギーター』の中心的な物語になっている。

アルジュナ──静止し、神に出会うという試練

バガヴァッド・ギーターは、インド亜大陸の王族の戦いが広がっていた時代に書かれた。射手のアルジュナが、強敵の親戚との戦いの準備をしているところから物語は始まる。戦うという任務は彼のカルマだったが、自分の親族と戦わなければならないことに深く困惑していた。

この神話では、戦いは人間の存在に向けた戦いに伴う課題の象徴で、私たちが皆直面する内なる混乱を沈める普遍の叡智を、クリシュナはアルジュナへの忠告として私たちに授けてくれた。内なる戦いを静止させたときにのみ、私たちは宇宙の叡智を受け取れるのだ。

すべてに死と苦悩をもたらすに違いない戦いをなんとか避けたいと思ったアルジュナは、御者役をしていたクリシュナに助けを求めた。まさに両サイドが戦いに挑もうとしたとき、血闘が始まる直前のシーンで、壮大な時代映画の監督が映画のコマを静止させるように、クリシュナが動きを止めた。

私たちもアルジュナと同様なのだ。上司や配偶者や子供たちとの喧嘩に巻き込まれている間は、人生を見る視点を失う。それは自分の健康上の闘いでも同様で、どうすべきか錯綜することになる。私たちは混乱の真っ只中でこそ、静止し、過去を振り返り、現在の自分や他人の行動がどう人生のタペストリーを織り成すのか、はっきり見られるようにしなければならない。私たちが動きを止め、ただその瞬間を傍観すれば、時のない瞬間に霧は晴れ、全体像が見渡せる。この新たな地図を手に、どの道を選ぶべきかを賢く決められる。

両軍が動きをとめた時、落ち着きのない頭が生む幻想がいかに私たちを惑わすかを、クリシュナはアルジ

ユナに教えた。それを受けてアルジュナは言った。

頭はせわしなく、落ち着かず、混乱し、荒くれだち、頑固だ。
まさに、風のように馴らしにくいものだ！（文献1）

「苦闘は人生の一部だが、苦闘の周囲に、自分たちが創りだしたドラマにとらわれてはならない」と、クリシュナはアルジュナに言った。そうすれば「結果を気にせずに、成功にも失敗にも心を開いて」（文献2）必要な行動をとることができる。

私たちの通常の精神的な地図は日常生活の道案内には役立つが、その限界が明らかになるときもある。サバイバルへの地図が広げられているときには、いつでも感情と固定観念となった信条が邪魔をする。そうなったときには、立ち止まり、審判を下すことなく、何がどうなっているのかを観察する必要がある。そうすれば、静謐《せいひつ》の中でより高い次元からの声が聞こえてくる。クリシュナがアルジュナの御者となってくれたように、「グレート・スピリット」が常にそばにいて、私たちに正しい方向を示してくれていることに気づく。

クリシュナはアルジュナにこう言った。

成熟したい人には、修行が道を拓く。
すでに成熟している人には、静止がその道を開く。（文献3）

遠方からの呼び声に応え、海を渡るハミングバードのように、私たちは自分の内なるガイダンスに従って安全に向こう岸まで渡れるのだ。私たちがすることのすべては神への捧げ物となるのだから、特定の結果に固執してはならないとクリシュナはアルジュナに説く。

私たちが時々脇道にそれるのは、自分が計画したこと以外の何かを経験することが運命づけられているからだ。私たちにはすぐに理解できないプランを、「グレート・スピリット」が私たちに用意してくれているのだ。人間には見えない偉大な秩序というものがあり、そのより高次のプランに私たちは合わせなければならないのだともクリシュナは説く。

静謐の中で、私たちは自分たちが享受したいだけのガイダンスを「グレート・スピリット」から受け取れる。愛する人や子供にどう対応すればよいのかを知りたいときもある。または現実や宇宙の本質を学ぶ用意ができていることもある。自分の望むように学びのレベルは決められる。取るべき行動を示されるときも、行動を取るべきでないと示されるときもある（行動を取るべきでないと言っても、それは何もするなという意味ではなく、介入しないという意図的な態度で、状況が自然に解決するのに任せるのだ）。

行動しないことのほうが、行動するよりパワフルなこともありえる。動きをとらない、反応しない、または誰かを助けないほうがよっぽど強さを必要とする。つまり、「しない」ことが北の方角の修行の中心だ。行動を控え、静謐を保つことを選べば、現実の織り目が見えだし、その精密さに気づくことができる。

人生に隠された織り目を見いだせるのは、真の叡智だ。偉大なるこのタペストリーの創造にどう自分が関わっているのかを知ることで、私たちは賢人の視点を得られる。アルジュナと同様、「グレート・スピリット」の広大な領域を見ることで、私たちは人生を完璧なものとすることができる。

あなたは始めの神、いにしえの魂。あなたは宇宙の崇高な究極のやすらぎ。あなたは知者で究極のゴールとして知られる者。あなたにより世界は広まる。無限の体現、あなたは風で、死で、火で、月で、水の神。あなたは最初の男で偉大なる祖父！（文献4）

私たちの多くはクリシュナには会えそうもないが、どうしたら創造の偉大な働きを見ることができるのだろう？

西欧では、「グレート・スピリット」よりも科学に目を向けたがる。「私たちが宇宙の働きを知るには、まずどう光合成が光を生命に変え、どう草の根が大地からミネラルを吸収するのかという1本の草の働きを理解する必要がある」と言ったのは、フランスの文化人類学者クロード・レヴィ＝ストロースだ。

しかし、先住民は異なるアプローチをとる。先住民にとっては、1本の草の働きを知るには、まず直感的に宇宙の働きを知らなければならないのだ。太陽がどう創られ、どう銀河系ができたのか。おそらく歴史上初めて、今ならその両方のアプローチを統合できるチャンスがある。

躁状態の精神活動を鎮め、静謐を見つけるための最も効果的な方法のひとつが、呼吸の間の小休止に注目することだ。吸う息と吐く息の間のこの休止に静謐が見つかる。呼吸は自律反応で、それを止めたら死んでしまう。しかし呼吸の速さは変えられる。古代から伝わる呼吸法の修行の多くは、心のバランスを取り戻し、静謐な状態にするためのものだ。意識的に呼吸することで、平穏を創りだすことができるのだ。

静謐を創りだせるようになれば、日常の課題は危機的な状況のようには思えなくなる。視野が広がれば、世界は豊かで報いのある人生を支えてくれる恵み多きところになる。せわしい生存競争を抜け出し、人生は苦闘ではないという気づきに至る。

北の方角では、美と癒し、平和を、自分自身と世界に導くことが求められる。この使命をどうしたらうまく達成できるかは、最初からはわからないかもしれないが、静謐の修行を続けているうちに明らかになってくる。癒しへの努力を誓い、あとの詳細はスピリットに任せるだけでよいのだ。クリシュナはアルジュナにこう言った。

私に帰依する者は、老いと死から放たれ、絶対的な自由と本当の自身、そして行動の本質を知る。（文献5）

巡礼——北の旅路

数年前、病気と闘うクロエという女性に会った。彼女は特に中世のヨーロッパで盛んに行われていた巡礼に出ることを選んだ。スペインの北西部に行き、地中海からサンティアゴ・デ・コンポステーラまで500マイル（約804㎞）の道を歩いた使徒サンティアゴ（聖ジェームス）の足跡を辿る巡礼だ。

巡礼は特定の目的地に向かう旅路で、「カミーノ・デ・サンティアゴ」、または「聖ジェームスの道」と呼ばれるこのルートを徒歩で旅する巡礼は、何世紀も前から人気がある。しかし、巡礼とは単に田舎道を歩くだけではない。それは内なる旅路でもあり、自分を振り返る時間だ。多くの巡礼者は、自分のためというより、それ以上の目的で巡礼を捧げる。クロエはその巡礼により自分の目的意識を新たにし、自分が直面する健康上の課題に対峙するための明確な視点を得ようとしていた。

旅を初めてすぐに、クロエはお告げを受けた。「3日間にわたって断食し、水だけを飲み、次の3日間は食事をする。これを巡礼の間中、繰り返すように」と、かすかな声で指示されたように感じたのだ。

それを実行したクロエは、3か月後サンティアゴ・デ・コンポステーラに着くまでに、健康を取り戻していた。彼女は聖なる導きで健康を回復したと信じているが、私は断食がからだの修復システムのスイッチを入れたのに間違いないと思っている。そして静謐と平穏の実践により、病気が教えてくれたレッスンを彼女は学ぶことができた。

カミノ・デ・サンティアゴを歩かなくても、巡礼の恩恵を得ることはできる。毎日の通勤や、仲違いした娘を訪ねる旅、またはクロエのように健全な暮らしを取り戻す旅を巡礼とすることができる。旅路がどんなものであれ、その外側には克服すべき課題があり、内側には降伏、発見、そして多くの場合、感情的な課題といった要素がある。

「グレート・スピリット」の助けを得て自分の精神マップを書き直すことにオープンにならなければならないからだ。自分の人生を高め、癒すための地図が明らかになったら、新しい方向に向かうために必要な習慣も身につけられるだろう。

先住民の社会の多くでは、ひとりで行うビジョン・クエストがその巡礼となる。ビジョンを求める人は、断食とスーパーフードで脳の状態を最高潮にする。そして深い森の奥といった大自然の中に行き、神聖なガイダンスに自分をオープンにする。

ビジョン・クエストはワン・スピリット・メディスンを受け入れるための、極めて重要な最終過程だ。そのやり方は13章で説明する。しかし、その旅路の終着地はメディスン・ホイールで、東の方向のビジョナリーの道に従わなければならない。

エクササイズ

私は私の息

静謐と平穏を見いだす伝統的な方法は、息づかいだ。この基本的なエクササイズは、心を落ち着かせる役に立つ。

暗い部屋で1本のキャンドルに火をつけ、その前に座る。キャンドルの炎を見つめながら、自分の気づきが炎のように、あちこちと様々な方向に揺れていることを意識する。

吸う息に意識を集中させながら、傍観者になるよう自分の心に誘いかける。肺に息が充分に溜まったら一瞬息をとめ、「私は私の息」と口に出さずに心の中で唱える。息を吐きながら、その息がかすかにキャンドルの炎を揺らすことに気づく。肺からすべての息を吐き切り、一瞬休止し、再び「私は私の息」と口に出さずに唱える。

このエクササイズを、最初は5分から10分くらい続ける。静かに座っていることに慣れたら、少しずつ時間を長くする。

12章 ビジョナリーの旅路

隠された音に耳を傾けよ。
もうひとつの耳を使うのだ。
天の光景を見よ。
もうひとつの目を使うのだ。
日常の五感では測れないものを
認識するのだ。

ワン・スピリット・メディスンを受け入れる

メディスン・ホイールでは、東は「ビジョナリーの旅路」。毎朝生命を与えてくれる太陽が昇り、私たちに新たな世界と出会うチャンスをくれる、生まれ変わりの方角だ。アメリカ大陸の先住民の間では、ティピや儀式用のロッジは、夜明けの光に中を暖めてもらえるように、東に向けて建てられる。

東の象徴は、空高く舞い、土地全体を観測できる一方、低木の間を駆け抜けるネズミも捕らえられるワシだ。高空からの視点と、地上も明確に見える視点という双視点を持つことから、東は千里眼、つまり「ビジョナリーの道」として知られているのだ。

私たちの旅路も、ここまで来たら馬の前に荷を置き、陰気な予測や制約を認識する前に可能性を見いだし、なぜできないのかではなく、それが可能になる理由に意識を集中させるべきことを、私たちはすでに学んでいる。

ワシからの贈り物のひとつは、昔の自分の物語を捨てて、恐れや疑いに縛られずに再出発する能力だ。しかし、「グレート・スピリット」からの贈り物はどれも条件つきで、東の方向では自分が得た叡智を他人とシェアすることが義務づけられる。拡大された自分の人生の新しい地図を手にすれば、次から次と続くメチャクチャな状況から抜け出すことばかり考えるのはやめて、瞬間瞬間がもたらす驚きを享受できるようになる。

自分は宇宙の一部であり切り離すことができないことを体験できる、この高次の気づきを維持するのは容易ではない。しかし、日常的な意識に戻ったときにも、得たビジョンをなるべく高いレベルに保つことで、その知識を生かして人生を変えることができる。この贈り物を他人とシェアするには、人々を最も深い悪夢から救い出し、最も高次の夢を楽しむよう誘えばよい。

新しい患者が私の診察室に来るたびに、彼らがどんな診断書を携えていようと、私は健康で光り輝き歓びに満ちた人としてその患者を診る。私がそうした患者のイメージを維持することが、彼らが健全な人生への道を発見する助けになるのだとわかっているからだ。そうしたイメージをしっかり持つことでのみ、患者の痛みの部位や問題が私に見え始める。

癒しという贈り物を他人にもたらすことで、私たちは自分が受け取ったその恩恵を真に自分のものとすることができる。

私が開催している「ライトボディ・スクール」では、私はエネルギー・メディスンを実践するマスター・シャーマンになり、美と癒しを他人と世界にもたらすことを教えている。

トレーニングは、まず自分は他人や宇宙とは別の存在だという非力で助けにならない考え方からの癒しだ。自己という限られた感覚に縛られ、個人としてのアイデンティティを失うことをいまだに恐れているなら、ワンネスの体験、ワン・スピリット・メディスンの一体感、またはそれに伴うパワーと恵みという贈り物には耐えられないだろう。

聖典『バーガヴァッド・ギーター』の中で、クリシュナはアルジュナにこう言った。

「私は不滅であり、死の体現でもある。存在と非存在の両方が私の中にある」

あなたも私も「グレート・スピリット」も、存在すると同時に存在しない。あなたと私は、普通の世界のヘビの視点に立ったときのみ、それぞれ独立した個別の存在となる。

ワシの視点へと気づきをシフトさせることで、夢うつつで生きるのをやめ、夢を見てそれを現実にしていけるようになる。また誰もが宇宙のジグゾーパズルの一片で、夢見る者が自分だけではないことも認識できるようになる。

あなた自身の健康の実現にも、癒された美しい世界の実現にも、あなたは他人やスピリットとの協力が必要なのだ。あなたは気づいていないかもしれないが、こうした感覚での夢見はいつも続いている。しかしビジョナリーの旅路では、夢の世界を実現する夢見に意識的に参加することを選ぶのだ。

夢見は人類の集団的無意識のなせる技であることに気づけば、「自分こそが唯一のマスターだが、全くその任務が果たせていない」という心の重荷から自分を解放できる。

しかし同時に、自分の健康や人間関係における課題、実際にはすべての側面に変化をもたらす力を持つことができるが、それを役立てる義務はある。この気づきを強みとすれば、危機から逃げだそうとしたり、危機に圧倒されることはなくなる。いつどのように行動し、問題を自然に解消させられるかがわかるようになるし、からだは自然に癒えることも明確にわかるようになる。

北の方角では、静止の修行の間に自分の心を観察できる意識を育てた。

東の方角では、自分の体験を観察する意識とは、より大きな意識と複雑に交錯する全体の一部分であることがわかる。

これを実現する手段として、インドの賢者ラマナ・マハルシは、かつて自分の弟子に自己探求のエクササイズを勧めた。まずは自己、「私」を感じることに注意を持っていき、私が消え気づきだけが残ることを感じるまで、そこに注意を保持する。ほとんどの人にとってこれは難しすぎるので、その助けとして私がシャーマンから学び、使ってきた方法を教えよう。

まずは、この質問に想いを馳せる。

「私は誰？」

次は、こう質問するのだ。

「その質問をしているのは誰？」

この探求により、私というエゴを越えて、宇宙を織り成すより大きな意識に気づくことができるだろう。自分の個人的な意識は、より偉大な意識と決してかけ離れたものではなく、分離されているように感じるのは、肉体というからだに宿っている間だけだということが見えてくるのだ。

あなたは海の波のように独立したユニークな存在だが、同時に海全体、つまりすべての源から決して孤立はできない。個体は仮の状態なのだ。あなたのからだは局在的なあなた自身だが、膨大な無限の意識もあなたの非局在的なあなた自身なのだ。

いったんワン・スピリット・メディスンを受け入れ、自分には非局在的で無限の本質もあることに気づけば、日常の局在的な肉体をもつ認識に戻っても、新たな現実を創り出し、老い方や癒し方を変え、新たなからださえ育てられる力が自分にあることがわかる。

東の方向の旅路は死を超えた天の領域に向かう内なる旅路で、そこでは膨大な創造を目にする。しかし、ビジョナリーにはこの叡智を現実の世界に持ち帰る義務がある。神秘家の多くは最もはるかな天の領域まで到達して、そこで至福の想いに浸ることを求めるが、シャーマンは現実の世界に戻ってきて、他人もワン・スピリットの美味しい霊薬を味わえるよう助け、この世に天国を創り出そうとする。

私たちもシャーマンのように、自分にとっての利益は度外視して、癒しと気前のよさを実践し、世界に美をもたらすために修行する。シャーマンにとっては、世界から苦悩を一掃できたら、それに勝るご褒美はないのだ。

実際には、シャーマンにとってのご褒美はほかにもある。自分の健康を驚異的に増進できることだ。といっても、自分の全遺伝子のスイッチのオン・オフを指示しなければならないとか、神経伝達物質を分泌するように脳に言わなければならないという意味ではない。ただ人生に対してワシのふたつの視点、つまり詳細を見る視点と創造の偉大さを高みから見る視点をもつだけで、からだがあとは勝手にやってくれる。ストレスが循環器障害やガンをつくる遺伝子のスイッチを入れるように、ワシの視力がもたらす静謐《せいひつ》さは健康と長寿の遺伝子のスイッチをオンにする。ワシの視力をもつことで、私たちが孤立した存在だという幻想は消え、健康に必要な条件が整い病気も消える。

13章の説明に従って、またはほかのやり方でビジョン・クエストに出かければ、死を超えた領域に行き、時間のない次元にすでに存在する「未来の自分」から自分の運命を引き取ってくることもできる。今から何世も先の自分に出会えば、その資質や長所を今世で体現できる。あなたにつきまとっていた過去は消え、介入もセラピーも修復も必要ない未来を無理なく引き寄せられる。壊れたものを癒す必要はなくなり、癒しは自然に起こるようになる。

アマゾンに住む部族には、私たちとは異なる時間の感覚をもっている人々もいる。私がシャーマンとアマゾンを旅するようになった最初の頃に、彼らは「今からずっと先」の遠い未来を旅して、そこで得たビジョンを現在に持ち帰ることができると私に言った。これは「ソウル・リトリーバル」のようなものだが、過去に行ってそこで失ったものを取り戻すのではなく、未来の運命を探しに行くのだ。

時間は一方向で過去から未来に流れると信じる文化で育った私には、この能力は当初は理解できなかった。あとになって、ビジョナリーの旅路では、過去や未来という制約を超えて、時のない「常に今」の世界に入れるというのがシャーマンの信条であることを学んだ。シャーマンは、患者の未来に行って患者が癒された状態を見てきて、そのあとはじっくり座って、運命がどう患者に望ましいからだの状態を引き寄せるかを観察することもできる。この能力により、シャーマンは自分で関わる作業の量を減らせる。行動しないことにより、非日常の世界で目的を達成するのだ。

ルーミーは『夜の空気』という詩の中で、行動しないことにより東の方向の旅路を修了した人について描写している。

> **神秘家は怠け者の大家。彼らは成りゆき任せ。**
> **なぜなら、彼らには常に神が周囲で働いているのが見えるから。**
> **収穫は常に舞い込むが、それでも彼らは決して**
> **自分たちで耕作はしないのだ！**（文献1）

しかし、「行動しない」の境地に達する前に、私たちにはすべきことがある。ワシの旅路は幸福な人生への近道を求める人向けではない。私たちのほとんどにとっては、ワン・スピリット・メディスンのアプローチは長く曲がりくねった道だ。仏陀になったインドの王子シッダールタの物語は、ワシの旅路を示している。ビジョンの目覚め、運命の呼びかけに応えた後に、自分の学びを人々と分かち合うために現実世界に帰還する旅路だ。

シッダールタ――ワン・スピリット・メディスンの贈り物

伝説によれば、仏陀は王子として生まれた。シッダールタという名前は「すべての願いが叶う」という意味だ。彼の父は偉大な王様だったが、息子には世界の不安や痛みは決して経験させまいと決心していた。すべての醜いものから幼いシッダールタを守ろうとする、究極の過保護な親だったのだ。王子は花の咲き乱れる園で、すべてのニーズに応えてくれる召使たちに囲まれ、庶民が住む城壁の向こうにはまったく無頓着に育った。

シッダールタのように、私たちはストレス源からすべて隔離され、幸福で快適な保護環境の中で生きたいと思う。王様は、自分だけを隔離し、スラムの真ん中に自分だけの王宮を建てて、他人の不快には無頓着で自分のニーズにだけ意識を集中しようとする私たちの傾向の象徴だ。しかし、人類は社会的な動物で、お互いの印《しるし》に敏感で、お互いの痛みに同情し、他人の苦悩に痛みを感じるよう脳回路が配線されている。

大人になったシッダールタはある日、王宮の外には何があるのか興味をもった。そこで父の命令に反して、自分がいつか支配するようになる人々の生活ぶりを理解するために外に出て田舎に連れて行くよう、御者に命じた。シッダールタにとっては、成熟するには子供時代にいた精神的な保護環境から出る必要があったのだ。

王族の戦車に乗ったシッダールタは、四つの情景に遭遇し、深く困惑させられた。

初めの光景では、老人が痛みにうめきながら、道端をよろよろ歩いていた。「なぜ彼は呻《うめ》いているのか?」とシッダールタは御者に尋ねた。御者は、「彼は年寄りで虚弱だから、苦悩しているのです」と答えた。

これはシッダールタにとっては、とても大きな目覚めだった。年老いて虚弱になることなど、想像したこともなかったのだ。苦悩というのは聞いたことがあった。それが実際にあるとは信じていなかったのだが、それを自分の目の前で目撃したからだ。

「私も年老いて虚弱になるのか?」とシッダールタが尋ねると、御者は「そうです」と答えた。

裕福で充分な滋養を得て、外界から守られた贅沢な環境の中で、王国全域の統治者になるべき王子として育てられたシッダールタは、何も痛みを感じたことはなかったが、誰かが苦悩しているのを見て「私はどうなるのか?」と反応したのだ。

後に仏陀になった彼は、この自分への心配を他人への慈愛に変え、自分自身の脆弱さには意識を向けなくなった。私たちは皆、自分の健康への責任はもつが、それは「ナンバー1になりたい」として他人より自分のニーズを優先させることとは全く異なる。

シッダールタが最初に遭遇したのが、すでに古くなった人生を後にして死を体験しようとしている男だったのは偶然ではない。シッダールタは快適な自分の古い人生を捨てて、不確実な未知の世界に飛び込もうとしていた。

私はどれだけ長く生きるか？

いつまで病弱になるのを避けられるのか？

私が永遠にいつも幸福に生きるパワフルな王子でないのなら、私は一体、誰なのか？

何をしても老人には若さも元気も取り戻せないと知ることは、彼にとって痛ましかった。「この地を支配するパワフルな支配者になることには意味がない。その役柄は捨てなければ」と彼は思った。

シッダールタが社会に出て見た最初の光景は、仏教の四聖諦のひとつめの尊い真理に該当する。「人生には苦悩が存在する」というものだ。

この真理こそが、私たちがメディスン・ホイールの南の方角の修行で受け入れることになる真実だ。古くなった役柄、被害者としてのアイデンティティを捨て、新たな運命の書き手として生まれ変わるのだ。

シッダールタは次に、困窮した男の光景を見た。その時には、まだ死はずっと先のことだろうと思っていた。男は病気の裸身を晒《さら》し、道端で「小銭か食べ物を」と物乞いしていた。

「御者よ、あの男はどこが悪いのか」とシッダールタは尋ねた。

御者は答えた。「あれはおなかを空《す》かせた、裸で病気の乞食です」。

シッダールタはさらに尋ねた。

「私もいつか、あの乞食のようになる可能性があるのか？」

「そうです」と御者は答えた。「なぜなら、あなた様がいかに裕福で土地全域を支配なさったとしても、病気を防ぐことはできないからです。あなたも年を取り、健康と美を失うのです」。

シッダールタはショックを受けた。彼は自分の希望を叶える能力や、美や健康を失う日が来る可能性など、考えたこともなかった。しかし今、それは避けられないと聞かされたのだ。

でも彼は、そんなはずはないと思った。「他人には起こりえるとしても、この私にも？」と。

私たちは皆、自分だけは安全で、悪いことは他人にしか起こらないと思いたがる。幼い頃に人は老いて死ぬことを学んでも、それが自分に起こるとは決して信じない。

乞食を見たときのシッダールタの目覚めは、仏教の四聖諦のふたつめの尊い真理に該当する。「苦悩は執着により生じる」というものだ。

私たちの幸福は、欲しいものを所有し、欲しくないものは所有しないことにかかっている。満足しているときには、私たちは変化を好まない。変化は必須だと理解し、その先どうなりどんな喜びがあるか考える代わりに、私たちは古くなったものにすがりつく。タンスが古い服でいっぱいになり、倉庫が古いものでいっぱいになり、私たちの頭は古い考え方や信条で満たされる。ときには悪い状況に執着することさえある。50歳で独身になるよりはましだと思い、虐待する配偶者との結婚にしがみついたり、失業するよりはましだと、最悪の仕事を続けたりするのだ。

不確実性を恐れるあまり、私たちはそれがすでに自分に適さなくなっていても、古い役柄やアイデンティティにしがみつく。しかし、先に進むには古い役柄や執着を捨て、ヒーラーの旅路で行ったように、それらを火で焼き払うことが必要だ。古い考え方を捨てて、未知に向かって期待を変えていかなければならない。

私の場合には、「すでに死んでいても不思議はない」という診断を医師から下されたときに、私が幸福の必要条件としていた長いリストは突然消え白紙になった。唯一重要だったのは自分の健康で、健康が回復できないとしたら死への準備が重要だと思った。今日、私は意識的に「幸福への条件」リストは短くしているが、今でも健康と死への準備がトップ2を占めている。

もう小さすぎて着られなくなったのにクローゼットの中にしまったままの過去だけでなく、未来がもたらすものにも私たちは執着しがちだ。人生はもっと良くなるというアイデアにすがりつくのだ。何か嬉しくないことが起こるかもしれないという考えは、私たちを恐れで凍りつかせる。

シッダールタが出会った病気の男は、充分な食べ物やお金や健康、または力がないことへの恐れ、サバイバルに向けた本能的な恐れの象徴だ。そして老人は、私たちが何としても避けようと忌み嫌う未来の象徴だ。しかし、ジャガーの旅路で死の恐れに直面し、不確実なジャングルを駆け抜けることを学んだら、私たちは未知への恐れから絶望的にうずくまることはしなくなる。

自分が病気になる可能性について知らされ、神経を逆なでされ、意気消沈していたシッダールタは、道端で次なる悲観的な光景を見た。それは死体だった。

シッダールタは「どうやっても生き返らせることはできないのか？」と御者に尋ねた。答えは、「はい、できません」だった。

シッダールタは深く悲嘆にくれた。そして、「私の命もいつか終わるのか？」と尋ねた。御者は、その通りで誰も死から逃れられないと言った。

道端の死体は仏教の四聖諦の第三の尊い真理に該当する。「苦悩を終わらせるには、生命そのものさえも含むすべての執着を手放さなければならない」というものだ。

自分からすり落ちていくものを見つめたり、なくして取り戻せそうもないものを惜しんだりするのはやめなければならない。自分の望みが叶わなければ心の平安は得られないという信条も、捨てなければならない。

自分もいつかは死ぬと聞かされたシッダールタはとても動揺した。しかし、最後に見た光景が最も激しく彼の認識を揺さぶった。道端に胡座をかいて瞑想しているサドゥー（聖者）がいた。

その男はすべての恐れや苦悩を超越して、まさに静謐であるように見えた。シッダールタは御者に車を止めるように言い、急いで聖者のもとに歩み寄り、どうしたらそんなに落ち着いていられるのかと尋ねた。

聖者は「あなたも苦悩と死を超越することができる」と約束した。

「自分に語りかけてくる死から自分を解き放てるまで、飲み食いせずに、あそこの木の下でじっとしていればよいのだ」と。

シッダールタは王宮に戻ったが、それまでの暮らし方にはもう魅力は感じなかった。サドゥーの言葉が耳にまとわりついて離れなかったのだ。

数年後、彼は運命に引き寄せられ、裕福で安泰な人生を捨てて、自分の苦悩を見つけて終わりにするために、放浪する修行僧としての旅を始めた。

ベールがいったんはがされれば、シッダールタのように私たちも世界や自分自身の苦悩を垣間見る。自分の古いやり方はすり減り、癒しへの希求が始まる。ビジョナリーの旅路がどれほど長く、どれほどの試練になるかには個人差がある。しかしここまでくれば、その道は険しく急で、癒しにはからだも頭も心も準備に専念する必要があることは察しがつくだろう。

シッダールタはほとんど飲み食いせず6年間深く瞑想したが、求めていた答えは得られなかった。ついに絶望と諦めの境地から、彼はイチジク属の木の下に座り、苦悩の原因がわかりそれを止められるまで動かないと誓った。子供たちがまわりで遊び、犬に吠えられ、美女が誘惑しようと近づき、泥棒になけなしの所持品が入った僧袋も強盗された。しかし、シッダールタはただそこに座り続け、視線を自分の内側に向け自分の頭の中を学んだ。心をオープンにして、これから起こるかもしれないことへの予測を捨てた。

伝説によれば、悲惨な夜を経た次の夜明けに、菩提樹と後に呼ばれるようになった木の下で、彼は悟りを体験した（菩提は「悟りをひらいた者」という意味）。後に、仏陀は何を悟ったのかをこう語っている。

老いと死について、老いと死の起源、老いと死を滅すること、老いと死を滅する道についての知を得た。（文献2）

それを悟りと呼ぶにしろ、気づき、目覚め、またはワン・スピリット・メディスンと呼ぶにしろ、シッダールタを仏陀、つまり「悟りをひらいた者」に変身させた体験は深遠な癒しであり、同時に驚くほど単純だ。「滅することの真実は個人的な発見だ」と、チベット仏教の教師チョギャム・トゥルンパ・リンポシェは言った。

「神秘的でも、いかなる宗教的、心理学的な意味もない。単なるあなたの体験だ。……突然、健康を体験するようなものだ。寒くもなく、風邪もひいてもなく、からだ中どこも痛くない。調子は完璧でまさに新鮮で覚醒している！　そうした体験は可能なのだ」（文献3）

シッダールタは自分の苦悩を癒す旅に出て、自分の希求の旅から、病気・老い・死というかたちをとる苦悩を終わらせるための道を人類にもたらした。これがワシの贈り物で、ビジョナリーの旅路の成果だ。

ワン・スピリット・メディスンの真理

メディスン・ホイールの東の方向で、あなたは自分自身を見つけるために自分を捨てた。古いものを死なせて、新しい人生に生まれ直したのだ。物理的な世界に住む局地的な自分は変わり続けるが、時のない非局在的な自分は決して変わらず苦悩知らずであることにあなたは気づいた。非局在的なあなたは決して病まず死なない。この気づきが、完璧な健康を回復する役に立つ。

私たちは南の方角で、時に縛られない自分の発見をはじめた。そこで、古い役柄を捨て、自分が本当はどんな存在なのかについての先入観を捨て、パーシヴァルのように傷ついた内なる男性性を癒した。

そして次に西の方角に進み、パーシヴァルの教えに助けられ、自分自身の恐れ、特に死への恐れという牢獄から自分を解放するためには、未知への敷居をまたぎ、不滅の女神たちからの贈り物を受け取らなければならないことを学んだ。

それらを成し遂げた後に、私たちは北の方角に進み、自分の内側に意識を向けて静止し、蓄積された先人たちの叡智を引き出すことを学んだ。アルジュナが体験したように、宇宙の輝きが私たちにも明かされた。

東に着いた時、それまで踏んできたステップのすべて、耐えてきたすべての試練の意味が突然わかった。より広い視野に立つことで、私たちは自分の存在の矛盾を把握した。誰もがとるに足らない微小な一点であると同時に広大で永遠の存在であり、無であると同時にすべてなのだ。悟りにさえ、特別なものではない日常的な側面があることも私たちは学んだ。そして、シッダールタと同様に、いったんワン・スピリット・メディスンを受け入れたら、その癒しを世界にもたらさなければならないことも学んだ。

悟りを得た後、仏陀は菩提樹の下で発見した尊い真理「四聖諦」を説いた。人生には苦悩があり、苦悩は欲望と執着から生まれ、苦悩を逃れる道がある。それは涅槃《ねはん》に至る八正道で、人生に気づきをもたらす助けとなる修行を伴う道だ。ワン・スピリット・メディスンを受け入れれば、私たちもこの時を超越した教えの真髄が理解できるようになる。

だから、メディスン・ホイールの四方角の教えを頭で理解しただけではダメなのだ。ワン・スピリット・メディスンを直接体験したときに初めて、その原則を根づかせ、あなたの人生をシフトさせることができる。

東の方角では、キリストやシッダールタと同様に、私たちは自分の内なる邪鬼に直面しなければならない。キリストは彼の邪鬼と取っ組み合い、地面に伏せることはしなかった。ただ毅然と立ち去るように命じただけだ。シッダールタは邪鬼と戦うのではなく、邪鬼の餌食になった。「私の頭が欲しいなら、取るがよい。私のからだが欲しいなら、取るがよい」と。彼自身の本質は非局在的な存在であり、それは自分のからだでも頭でもないことを理解していたのだ。虐待者はシッダールタが取り合わないことに飽きて、立ち去った。

人が内なる邪鬼と戦いたいと強く感じるのは、邪鬼に勝てると考えるからだ。しかし、傷だらけ血だらけになり、30年経って、それが不毛の戦いだったことに初めて気づく。ワン・スピリット・メディスンは、邪鬼を立ち去らせるための、よりよい方法を私たちに与えてくれる。

もちろんワン・スピリット・メディスンを受け入れたあとにもすべきことはある。

ワン・スピリットの贈り物を受け取ったあとでも、肉体的な存在に与えられた挑戦には立ち向かわなければならない。気づきを得たからといって、さらに考え方を磨き、行動や態度を改善し続ける必要性から逃れられるわけではない。

ダライ・ラマ法王14世でさえ、怒りを感じることがあると認めている。神様のような存在でも、所詮人間なのだ。しかし、ダライ・ラマ法王は怒りに栄養を与えたり、怒りを行動に移したりしないから、それは素早く消え去る。慈愛とワシの視界で人生を生きているのだ。

「私は常に、どんな出来事も、広い視野から見るようにしています」とダライ・ラマ法王はタイム誌のインタビューで語っている。（文献４）

キリストは砂漠から「汝の敵を愛し、もう一方の頬を向けよ」という教えを持ち帰った。しかし、キリストがその仕事を終える前には、たくさん歩き教え苦しんだ。仏陀は悟りを得ても、山頂に行き至福のなかで生きることは選ばなかった。その後の45年間、現実の世界にしっかり留まり、他者が悟りをひらき癒されるための手助けをしたのだ。

　さて、ワン・スピリット・メディスンを受け入れたあとには、あなたの人生はどう変わるのだろうか？　ひとつだけ言えるのは、より広い視野をもつワシの視力をもてば、より容易に慈悲深く人生を進んでいく道案内になってくれるということだ。自分の才能や希望にあった仕事を、より自然に苦労なくこなせるようになる。そしてあまりにも偉大な力で、ボディ・マインド・スピリットの癒しを体験したあとには、できるかぎり世界のために尽くしたいと自然に思うようになる。

　ビジョナリーの旅路がもたらしてくれる味わいを予感しつつ、ビジョナリーの旅路の最後のステップをとろう。それは、「ビジョン・クエスト」だ。これは東の方角への導きの修行で、ワン・スピリットの変身力を体験する古来の方法だ。

13章 ビジョン・クエスト

量子物理学は日常生活にどう役に立つのか？
量子理論は地球の歩き方を示唆してくれるのか？
気候を変える方法は？
創造原則や自然、神と自分の関係を教えてくれるのか？
どうしたら自分の人生の一瞬一瞬を、神秘な行為として生きられるのか？

ワン・スピリット・メディスンについて読むのと、実際に体験するのは別物だ。シッダールタの悟りについて読んだだけでは、病や老い、死から自分を解放できないのと同様、ワン・スピリット・メディスンについても読んで得られるのは情報であって叡智ではない。叡智を得るには、直接ワン・スピリット・メディスンを受け入れる必要があるのだ。そのための最も重要な最後の修行が、ビジョン・クエストだ。

ビジョン・クエストはあなたのからだを癒し、魂を修復してくれる。パーシヴァルのように、あなたも聖杯を求めることになるのかもしれない。プシュケーのように、黄泉の国から不滅の霊薬を持ち帰るのかもしれない。または、アルジュナのように、宇宙の秘密を発見するのかもしれない。しかしそのためには、シッダールタのように快適なお城、またはソファをあとにして、あなたにとっての菩提樹の元に座らなければならない。

まだお城やソファを離れられないという口実はいくらでもあるだろう。お金がないとか、時間がないとか、返信しなければならないメールが溜まっているとか……。私自身も致死の病という診断を受け死を目前にするまでは、この最後の旅路は棚上げしていた。「そうなるまで待つな！」というのが、私からのアドバイスだ。

理想的には、シャーマンたちのように自然の中でビジョン・クエストができればよい。雨、風、太陽、暑さ、寒さという自然の要素に触れ、断食による適度な心理的なストレスも役に立つ。しかし、ビジョン・クエストの目的は飲まず食わずの荒行ではなく、自分が地球の市民で自然の子供であり、創造のすべてと一体であることに大自然の中で気づくことにある。自分の自己治癒システムを目覚めさせ、脳と体内の臓器の幹細胞を刺激するために断食するのだ。

いずれにしても、先に脳をアップグレードしておかないと、ビジョン・クエストは単なるキャンプ旅行になってしまう。まずはデトックスして、さらにスーパーフードで脳にパワーを与えてからビジョン・クエストで運命と直面すれば、「グレート・スピリット」と共に創造する能力を発見できる。この本の中でこれまで示してきた修行をしっかり実践してきたなら、ワン・スピリット・メディスンを受け入れることで、創造の一体感を味わえるのは確実だ。

挑戦を受けて立つ

「ビジョン・クエストって何のこと？」と、頭の固いニューヨーカーのサリーは私に挑んできた。「私が野暮なことはしないのは知っているでしょう？　つまり、ルームサービスのないところには、どこにも行かないってこと！」

女性ファッション誌の有力な編集者であるサリーは、内面も外見も都会人だった。水しか飲まずに3日間も自然の中にひとりでいるなんて、まっぴらというわけだ。

「じゃあ、これから先もずっと惨めでいいの？」と私は尋ねた。

「3日間だけ惨めな思いをして、それを乗り越えて、新たな人生を得るほうがよいのでは？」さらに私は恐る恐る「それに、いい記事になるかもしれないよ」と付け加えた。

サリーは渋々、ビジョン・クエストにでかけることに同意した。私はユタ州南部の切り立つ崖に囲まれたレッドロックの渓谷に彼女を連れていき、車を降りたがらず手足を踏ん張って抵抗する彼女を、無理やり車から降ろした。彼女には充分な水とテントと寝袋だけを持たせた。

サリーには言わなかったが、ビジョン・クエストは自然の中で行うほうが良いものの、実際にはどこででも、マンハッタンの真ん中でもできる。重要なのはテクノロジーに囲まれた世界から自分を隔絶し、メールやソーシャルメディアを始終チェックしていないと人生が崩壊するという信条を捨てることだ。

サリーには、祈ることも指示したが、「どうやって祈ればよいかわからない」と彼女は抵抗した。

「創造主に感謝すればいい」と私は言った。「もし、それで効果がなければ、狼が来ませんようにと祈ればいい」と軽く言って、私は車を走らせた。その地域に狼はいなかったが、彼女は私の言いたいことは理解したようだった。

私たちは祈りや瞑想を通じて、「グレート・スピリット」に至る道を知ることができる。しかし、祈り方や「グレート・スピリット」とのコミュニケーションの方法の詳細に気を取られたら、受け取れるはずのメッセージから自分を閉ざしてしまうことになる。

サリーは私の長年のクライアントだった。裕福で賢い彼女は、20代の頃はその美貌で知られ、50代半ばでも優美なことに違いはなかった。彼女は多動型で自分のやり方を通すことに慣れていたが、男運は私の知るかぎり最悪だった。彼女は日中、多動症を抑えるのにリタリンを服用し、夜は眠るために強力な抗鬱抗不安症薬トラゾドンを服用していた。次から次へと付き合う相手には虐待され、あまりに無感覚になった挙句、本人いわく「男をおもちゃにする」ほうがましだと思うようになっていた。しかし、そうしたおもちゃですら、心の痛みなく捨てることはできないことも彼女は認めていた。

ビジョン・クエストは快適な都会に慣れたサリーにとっては、多くの面で挑戦だった。近くにグルメ・スーパーはなかったし、ニュースを見ることも、インターネットを使うこともできなかった。彼女は、ひとりで自然の中にいると想像することすら嫌っていた。しかし、惨めな恋愛関係や惨めな薬漬けの日々を続けることも耐えがたかった。

3日後、彼女を迎えに行った私にサリーは、「森の中でおしっこするのは楽しかったわ」と言ってにっこりした。彼女の髪の毛は乱れ、顔は薄汚くなっていたが、なぜか服は見事にきれいなままだった。どうやったのか私には不思議だったが、彼女は毎日きれいな服くらいは着られるようにと、着替えを持ってきたのだと告白した（容易には変えられない習慣もある）。

彼女は、「このリトリートは楽ではなかったわ」と言った。初日に彼女はハイヤーを呼んで帰ろうとしたが、電波がなく携帯がつながらなかった。夜には、狼の餌食になるのは間違いないと信じ込み、テントの周囲を狼がうろついていることを想像した。彼女は夜明けが来ることを祈った。

しかし2日めの夜には、寝袋の中から星空を見るのが楽しくなった。自分を餌食にする天敵はいないことがわかり、テントから寝袋を引き出したのだ。彼女はそれほど多くの星を見たことはなかった。実際、彼女は長年星を見ていなかった。人工灯に囲まれたニューヨークでは、夜空には何も見えなかったからだ。

最初の夜は空腹で眠れなかったが、その後は赤ちゃんのようにすやすや眠れた。そして、たくさんの光があった。「最初の夜は、駐車場の中でキャンプしているような気がしたの」と彼女は言った。「車のヘッドライトのような光がテントの中に差し込んできて、あまりに眩しくて目が覚めたわ。でも外に出てみたら、暗闇で光っているのは星だけだったの」。

最初、彼女は宇宙人に光を照らされたのかと思ったが、夢の中で「光」を見せられたのだと気づいた。

サリーは自然と自分の人生、さらにはすべての生命がいかに貴重であるかについての深い感謝を胸に、ビジョン・クエストから戻ってきた。彼女はその後、私のプログラムに従ってスーパーフードを食べ続けた。

私は彼女の光り輝くエネルギー・フィールドについた明らかな刷り込みを消すために、何度かイルミネーションの儀式を行った。サリーの光り輝くエネルギー・フィールドに潜んでいた、13年前に亡くなった彼女の母親の魂も解放しなければならなかった。

サリーはしばらく男から遠ざかる決心もした。ある種の男にたちまち惹かれるのは、そうした男たちが彼女のためにならないという警告の印《しるし》であることに、自分で気づき始めたのだ。そして、ビジョン・クエストから半年後に、物静かで優しい男性とデートしはじめた。彼女いわく「とってもソフトな男」だった。

しかし、ビジョン・クエスト後の彼女の最も明らかな変化は、不思議にも多動症が消えてしまったことだった。グルテンと乳製品を避け、キヌアのようにヘルシーな食品を取り入れる食生活を続けた結果、日中機能するために必要としていたリタリンも、夜眠るためのトラゾドンも必要としなくなったのだ。

パン焼き器を手放す

私に会いに来た時、サミュエルの体重は110kgを超えていた。彼が食べていたのはパンとパスタ、加工食品ばかりで、血圧もコレステロール値も高く、インスリン抵抗性もあった。彼は出版社勤務で、出版する本には健康、ローフード、ヘルシーなダイエットの本もあったが、何かを食べずにはいられない習癖になっていた。加工食品の炭水化物の依存症で、その炭水化物は食べた直後に糖分に変わるものだった。

サミュエルは肥満が要因の糖尿病「ダイアベシティ（肥満性糖尿病）」だった。これは先進国の新たな疫病だ。膵臓がインスリンを全く生成できない1型糖尿病の罹患率は、食べ物に枯渇した第二次世界大戦中には60％低下したと私はサムに伝えた（文献1）。そして、ビジョン・クエストの間に断食すれば、数日間おなかを空《す》かせるだけで、同じ効果が得られると勧めた。

彼はそれまでに世界中のあらゆるダイエットはすでに試していて、その時はパレオ・ダイエットを実行していた。5章で述べたように、パレオ・ダイエットは農耕以前、石器時代の人類の食生活をベースとしている。狩猟採集民族だった彼らが主に食べていたのは植物で、たまに簡単な狩猟技術で得られた小さな獣や魚が加わった。

「それは素晴らしい！」と私は言った。「それこそワン・スピリット・メディスンのダイエットです。たくさんのタンパク質とヘルシーな脂肪分、加工した炭水化物はまったくなし」。

必須炭水化物というものは存在しないが、必須タンパク質と必須脂肪はあり、今後1枚もトーストを食べなくても人は生きられるのだと私は説明した。

「脂肪ではなく、加工された炭水化物があなたを太らせているのです」と私は力説した。私はサミュエルに、赤身の牛肉と豚肉も控えるように勧めた。

「でも赤身の肉はパレオ・ダイエットの一部ですよ」と彼は抵抗した。

私はアマゾンで太古の祖先と同じ食生活を送っている民族と暮らしたが、彼らは魚は食べても、赤身の肉を食べるのは稀《まれ》だった。人類は植物を食べて進化したのだと私は彼に説明した。狩猟採取民族は大きな動物を倒せる武器は持っていなかったからだ。

「稀に赤身の肉を食べるのは構いません」と私はサミュエルに言った。

「しかし食べるなら、放牧で草を食べて育った肉に限ります。穀物を食べさせられたり成長ホルモンで大きくされた動物は避けてください。水がきれいなところで獲れ、水銀を含んでいないものなら、魚はとても良いですね。しかし、パンとパスタは諦めるしかないです」

多くの人の間でパレオ・ダイエットは人気だが、すべての生命は自然と「グレート・スピリット」と一体であるという感覚が、石器時代の人類の信条だったことは忘れている。

「その信条があなたのからだの健康を増進させる大きな要因なのですよ」と私はサミュエルに言った。

「グレート・スピリットの助けを借りなければ、ダイエットだけではうまくいきません」

サミュエルは強情だった。私にはパン焼き器は片付けると確約したが、彼のキッチンの棚には缶詰が山積みで、その多くには小麦、したがってグルテンも含まれていた。サミュエルは簡単にはグルテンを諦めそうもなかった。

そこである日の午後、私は彼のアパートに行き、棚から缶詰をどけた。奥の方にしまいこまれていたパン焼き器とそれに寄り添って置かれていた小麦粉も放り出した。なんと、彼の歯磨き粉にもグルテンが含まれていたのだ！

それらのすべてをゴミとして捨てようとした私は、彼が狼狽しているのに気づいた。彼はパン焼き器を愛しており、心の奥底では少しの間片付ければすむと信じていたのだ。しかし、その彼の愛するカラクリ箱を私が捨てようとしていたのだ！

私たちが子供の頃には、母親は私たちを喜ばせるために食べ物をくれた。だから成長したあとも、ストレスを感じるたびに私たちはそうした食べ物に引き寄せられるようになるのだ。子供の頃に馴れ親しんだ、砂糖たっぷりのおやつに。

その結果として、何十年もの間、私たちの素晴らしき腸の微生物環境は、糖類、炭水化物、たちの悪い脂肪の依存症となってしまっているから、12時間以上断食すると、消化器の微生物環境が反乱を起こす。私たちがおなかを空かせているのではなく、おなかがおなかを空かせているのだ。そこで、飢餓を脳に知らせるシグナルとして、消化器から有毒な化学物質が放出される。実際に滋養は必要ないのに、腸内微生物が空腹だから、極端な空腹感を感じるのだ。

しかし、腸内微生物は極めて賢く、学ぶのも速い。たった24時間以内で、食べ物への依存症から脱し、良い微生物がよく育つようバランスがとれた新たな微生物環境をつくり始める。糖類、でんぷん質、有害な脂肪を断ち切り、質の高いプロバイオティクスを摂取することで、腸には善玉菌のコロニーができる。だからこそ、短期間の断食はとても大事なのだ。腸のバランスを回復させ、からだのすべての修復システムのスイッチをオンにしてくれる。

パンやパスタのような炭水化物の加工食品は、コカインに喜んで反応する脳の部位を刺激することから、極めて依存を起こしやすいということを、サミュエルは頭では理解していた。彼は長年多くのグルテンと加工食品の摂取で腸に大きな打撃を与えていたが、自分のからだを癒して人生を取り戻すために必要な変化を決心するのに、それだけでは充分な説得材料とはならなかった。私が彼のキッチンの物をゴミとして捨てようとした日、私たちはつかみ合いの喧嘩になりかけた。高校を卒業して以来初めて、私は壁に押しつけられたのだ！

誰もがグルテンを毒素扱いする必要はないが、サミュエルの場合は依存を完全に断ち切らなければ、自分の習慣を打ち破り、脳を修復し始められないことは明らかだった。結局、彼は私が強制しようとした変化を渋々受け入れたが、それは言い訳に尽きたからだった。

次に起きたのは、奇跡だった。4日以内に、サミュエルは体調が良いと感じるようになり、痩せ始めた。一日400g以上もだ。グルテン、小麦、炭水化物、乳製品、コーヒーと糖類を食生活から排除し、私が4章で勧めたデトックスのサプリを摂ることで、彼はそれを成し遂げたのだ。

とはいえ簡単ではなかった。夜には2回、彼は泣きながら私に電話してきた。幸せだった子供時代や思春期のイメージが洪水のように彼の心に溢れ出したのだ。しかし、2週間以内にサムエルは16kg以上痩せ、ぼんやりしていた頭もすっきりした。何十年ぶりに、すやすや安眠できた。そして、脂肪に蓄えられていた毒素が、腸に再吸収されないようデトックスのサプリが彼を助けた。サミュエルにはビジョン・クエストの準備ができた。

神は教会を好むようだが、「グレート・スピリット」は自然を好むようだ。実際、神話や歴史が語る聖なる存在との出会いは、ほぼすべて山頂や砂漠、大自然の中で起きている。聖堂の中というのは稀だ。

サミュエルは自分の別荘の近く、フロリダ州コーラルゲーブルズにあるフェアチャイルド熱帯植物園で、ビジョン・クエストをする決心をした。植物園が開園する朝7時に行き、閉園までいるのだ。彼に与えられた任務は、一日中たっぷり水を飲みながら、誰とも話さず、彼のお気に入りの木々に囲まれ、木陰でじっと座っていることだった。

3日間のこのビジョン・クエストの後に、サミュエルは私に言った。

「神様には会わなかったけど、子供の頃にしか知らなかった静寂を再発見したよ。２日め以降、僕の頭はしなければならない重要なことのすべてを考えるのをやめたんだ。考えなければ世界が終わるといつも思っていたのに。熱帯の木々は、僕も彼らと同じだと示してくれた。葉を落とし新たな芽を生えさせ、強風や嵐に耐えるには、根を深く生やさなければならない。そうしたら、人類の愚かさと欲で破壊されない世界を創る助けをするのが、自分の仕事だと思えたんだ」

「最もつらかったのは、おなかがぐるぐる鳴っていたこと」と彼は言った。

「生まれて初めて、本当の空腹感を知ったよ。最初は、車に置いてきたチョコレートのことしか考えられなくなったんだ。でも２日め以降は、空腹感への執着は消えて、３日めにはあと１週間食べなくても平気だと思えた。食べないことからくる肉体的な不快感は消えて、すごいエネルギーを感じた。頭はクリアで覚醒していて、とても深い平安を感じられたんだ」

私はその後１年間サミュエルを助けたが、彼は小麦と乳製品は摂取しないままだった。怒り、肥満、そして心臓病の足跡を彼の光り輝くエネルギー・フィールドから除くため、２週間に一度、イルミネーションの儀式を行った。彼はパン焼き器をゴミ箱から助け出していたのだが、決して使うことはなく、６か月後の血糖値は正常に戻っていた。血液検査による腫瘍マーカーのＩＧＦ-１のチェックも定期的にしたが、値は30％低下していた。

現在のサミュエルは禅の修行僧だ。「僕が見つけた中では、最も宗教っぽくない宗教だったから」と彼は言った。

ビジョン・クエストの間に、彼は自分が出版した本の中で語られていた内なる人生を発見したが、それがリアルかどうかには確信がもてずにいた。今のサミュエルは、アメリカ大陸を発見した昔の探検家が感じていたような冒険心で瞑想修行に励み、自分の内なる世界を探検している。そして、すべきことのリストを思い巡らしたり、子供時代のことを後悔したりする代わりに、ようやく到達できた歓びに満ちた自分の心の風景に夢中だ。

人生を取り戻す

医師のジョージは、妻に引きずられるようにして私の診察室に入ってきた。ガンを患い、かなり侵襲性の強い化学療法を受けていたが、効果が表れていなかったのだ。彼の腫瘍マーカーの値は変わらず、免疫力は低下していた。彼の妻が「ライトボディ・スクール」の生徒で、彼女に「他に何も失うものはないのだから」と説得され、やっと私に会うことに承諾したのだった。

ジョージはストレス過多な自分の仕事や、一日6杯は飲んでいたというコーヒーからのカフェイン摂取、炭水化物主体の食生活がガンと関連しているとは考えていなかった。

私の友人のディーン・オルニッシュ医博は、前立腺ガンの患者は植物主体で炭水化物の摂取が少ない食生活に切り替えることにより、6か月以内で初期のガンから劇的に回復できることを、カリフォルニア大学医療センターの臨床試験で発見した（文献2）。

緑の植物には、健康増進の遺伝子のスイッチをオンにし、病気をつくる遺伝子のスイッチをオフにする驚異的なパワーがあるのだ。

私はジョージに、まずブロッコリーや芽キャベツなどアブラナ科の野菜をたくさん摂る植物主体の食生活に変え、アボカドやクルミなどヘルシーな脂肪分を摂るよう指示した。毎朝、デトックス効果のあるジュースを飲むことから始め、グルテンとすべての穀物を絶ち、赤身の肉も避けるよう伝えた。

それまで何十年も病院のファーストフードを食べ続けていたジョージは、その後たった3週間で約4kgも痩せた。日々気分はよくなり、腫瘍マーカーの値も低下し始めた。

「次は、ビジョン・クエストをしていただかなくては」と私は言った。「最後に自然の中で過ごしたのは、40年前のボーイスカウトの時だ」と彼は言った。病院で働いていない時間は、家族と一緒にクオリティの高い時間を過ごそうとしてきたので、週末にひとりで自然の中に出かけようとは思わなかったのだ。

結局、ジョージは病院で働いている間に、ビジョン・クエストをすることに決めた。

「少し頭がぼんやりするかもしれないけれど、それは問題ではない。救急患者が来れば、どうせアドレナリン過剰で頭はすぐにすっきりするだろうから」と彼は言った。

ジョージの病院はマイアミにあるトラウマセンターで、私は彼に、診察する患者ごとに祈りの言葉を唱えてほしいと頼んだ。そして手術中には、患者のからだを構成している血管や筋肉、その他の組織の美しさを崇めるように言った。そして、患者の一人ひとりを、単なる銃による負傷者とか診断名で見るのではなく、マインドフルな心遣いで、人間扱いするようにとも言った。

私が頼んだすべての中で、それは一番難しいと彼は言った。他のほとんどの医師と同様に、彼もプロフェッショナルな医師として、距離を保って患者をひとりの人間とは見てこなかったからだ。医師のほとんどは、おそらく患者の苦悩を前に感情的になりすぎるのを恐れているために、患者が生きていて息を吸い、恐怖におののく人たちだとは見ずに、症状や臓器として患者と接するほうが楽だと考えているのだ。

「患者に接するたびに、自分がグレート・スピリットの仕事をしているのだと再認識してください。そして、一人ひとりの患者のために祈り、祝福を与えるのです」と私は言った。

どんな職業にしろ、「グレート・スピリット」の仕事が自分の仕事になる。つまり、「グレート・スピリット」はあなたの手や心や気持ちや技能を通して働くことができるのだ。このことを認識できれば、あなたの人生にはより大きな意義が生まれる。

ジョージは、救急病棟が最も大変なのは満月の夜で、銃や事故による負傷者、急性の麻薬やアルコール中毒の患者が、他のどの日よりも多いと語った。

彼はその満月の日にビジョン・クエストを始め、自分が体験していることにマインドフルでいられるよう、また患者を「ベッド番号6の銃負傷者」ではなくひとりの人間とみて接するよう、自分の呼吸を監視することにした。吸う息と吐く息に1回ごとに気を配り、その間の静寂な一瞬には静止して空気の一滴一滴に感謝するよう努力した。呼吸するときには自分に向かって、**「私は一息ごとに、健康、バイタリティ、愛、赦しを吸い込んでいる」**と繰り返した。

「食べ物を食べないのは平気だが、コーヒーなしは無理だ」とジョージは私に言った。私もコーヒー好きなので、彼の心情は理解できる。実際コーヒーは世界の多くの地域で、聖なる薬として利用されている。清らかな心身で神に近づくために、くるくる回って踊るスーフィーに属するダルヴィーシュは、コーヒー飲みとしても知られている。

実際コーヒーは、おそらくどんな食べ物よりも、パワフルな細胞のデトックスのルートと体内の長寿タンパク質を活性化させる。誰にもその仕組みははっきりとわかっていないが、今日のガン専門医も肝臓ガン患者に一日3～4杯のコーヒーをブラックで飲むことを勧めている。しかしストレス過剰で、常に闘うか逃げるかの状態で暮らしていたら、カフェインは問題を悪化させるだけだ。

「少なくともビジョン・クエストを始める1週間前から、コーヒーを飲むのは絶対に止めてください」と私はジョージに言った。彼には、弱った神経をしっかり休ませる必要があったのだ。

1週間にわたるビジョン・クエストの後に、私の診察室でジョージに会ったときには、彼は有頂天だった。週のはじめに2回だけ、エスプレッソは飲んでしまったものの、彼はコーヒーを諦めた。

断食の初日には彼は空腹を感じ、体力が極端に弱ったように感じた。しかし彼は患者がどんなに汚く壊れていても、人として見ること、天使になる途中の存在として見ることに意識を集中した。自分のおしっこにまみれたホームレスや、足に銃弾を撃ち込まれた悪人、以前は手袋をはめて距離感を持ってしか近づかず触れなかった人々と、自分が触れ合っていることに彼は気づいた。

その頃には、彼は超常的なエネルギーの貯水湖にアクセスできるようになっていた。空腹感は消えた。水をたくさん飲んでいたが、何も食べていないのに、毎日自分があまりにたくさん排便することに驚いた。彼のからだは消化管に何年も溜まっていた排泄物を排除し、クリーニングとデトックスを行っていたのだ。

3日めには、からだと脳の燃料として、糖類ではなく脂肪を燃焼するケトン・システムに切り替わっていた。高度な脳の部位のスイッチがオンになり、より健康で円満な自分の人生のビジョンが見られるようになったのだ。

新たに発見した高みの視点から、彼は自分の仕事を定義し直した。彼は、壊れた腕や胃や折れた骨を治す修理工ではなく、人々を死の淵から救い健康を取り戻させるアーティストになった。

最後に彼に会ったとき、彼のガンは寛解していた。彼は自分の人生を取り戻したのだ。

創造との聖なる邂逅《かいこう》

ワン・スピリット・メディスンにより、あなたは「グレート・スピリット」との聖なる邂逅を体験し、創造の仕組みを理解することができる。この理解は知的なものでも学術的なものでもなく、体感や感覚で得るもので、あなたのからだの細胞の一つひとつに染み透る智だ。といっても、突然にひらめきで熱力学とエネルギー保存を理解するわけではなく、その代わりに自分の全存在に浸透する超越的な気づきを得るのだ。エネルギーも意識も決して破壊されることはなく、無数の形状に変わるだけで、そのひとつが自分であることをあなたは真から理解する。

この章で紹介した私のクライアントであるサリー、サミュエル、ジョージはいずれも、ワン・スピリット・メディスンの驚異と奇跡を、直感的で深遠な智として体験した。

サリーの場合には、砂漠で寝ながら夜空の星を見ているときに、この新たな意識が生まれた。星々はニューヨークの光汚染の背後に隠れていたものの、常に存在していたことをサリーは知った。

サミュエルの場合には、自分の飢えと食欲を観察し、どれだけ自分が深遠な課題に取り組みたがっているかを認識することにより、自分の心をさらに深く探求できた。彼はどんな問題でも、まずその問題を定義づけ、それから自分に「この問題を考えているのは誰なのだ？この問題を問いかけているのは誰なのだ？」と問いかけるようになった。この問いから、やがては禅に至った。飾らずに、ただ自分の呼吸を観察し、自分の頭の中のすべての狂気と想像力を目撃する瞑想法だ。

ジョージは、「グレート・スピリット」が実際にはすべての人の中にあることを見いだし、より良い医師兼ヒーラーになるには、それをしっかり認識している必要があることを学んだ。その過程で、彼は自分を癒したのだ。

彼らはその後、何度も私に会いに来た。特に悪いところもなく、修復が必要ではなくなってからもだ。感情的にも肉体的にも、自分を癒してくれたワン・スピリット・メディスンをもっと欲しがったのだ。私は予防としてのイルミネーションの儀式を彼らに行い、彼らの光輝くエネルギー・フィールドに残った病気の足跡を消した。


普通私たちの社会では、「グレート・スピリット」による癒しは、人々がヒーリングの最後の手段として求めるものだ。しかしワン・スピリット・メディスンを求めてきた人にとっては、「グレート・スピリット」による癒しが新たな人生への最初のステップになる場合が多い。

サリー、サミュエル、ジョージがそれぞれ行ったビジョン・クエストは、キリストや仏陀が行ったのと同じタイプのリトリート、つまり「グレート・スピリット」の希求だ。彼らは飢え、怒り、そして自己審判という邪鬼と対峙した。彼らはビジョン・クエストでからだを修復し、より大きな使命に向けて脳を整えた。その後に、新たな目的意識と自分の学びを人類と分かち合うという使命感を携えて家に帰った。

2回めのビジョン・クエストで、サリーは最も重要な質問の答えとなる夢を見た。それは、「私の人生の次なるステージのテーマは何?」という質問だった。

私は以前サリーに、「砂糖でできた頭」では夢で問題を解決することはできないと説明していたのだが、適切に癒された脳で、彼女は超常的な叡智にアクセスできたのだ。彼女が私に語った夢は次のようなものだった。

私は何世紀も前の時代にいて、愛する人に「またあなたを探しあてるから、心配しないで」と言っていたの。「さよなら」を意味するガラスの扉を抜けて、私は突然、現代の博物館にいた。自分が現代的な服を着ていることに驚いていたわ。男の人が一緒にいたの。私はそこで恋人を探さなければならないと気づいて「この人がそうなのかしら?」と思った。すると彼は私のほうを振り向いて、「あなたが探しているのは私ではないが、あなたが求めている人のところに連れて行ってあげよう」と言ったの。私が探し求めているのは愛すべき存在だけど、それは人間ではなく、「グレート・スピリット」だったのよ。そして「グレート・スピリット」はすでに私と歩んでいたの。

「夢にはとても深い懐かしさがあったわ」とサリーは言った。「愛する存在が常にそこにいたような。そして、自分が前世でも神を探し求めていたのだと感じたの」。

サリーは自分が探し求めていたのは自分にふさわしいパートナーではなく、彼女を真に満たしてくれる唯一の愛すべき存在である「グレート・スピリット」だったことに気づいた。彼女は自分のパートナーのなかに「グレート・スピリット」を見いださなければならず、また一緒に「グレート・スピリット」を見いだせるパートナーが必要なのだと理解したのだ。

パワーアニマル

シャーマンの文化では、ビジョン・クエストに行くと、夢や起きている間のビジョンに「パワーアニマル」が現れる。アニマルの語源はラテン語で魂、息、生命力を意味する「アニマ」と同じだ。カール・ユングは、女性原則を「アニマ」と呼んだ。したがって、アニマルは魂の世界の女性的な要素の象徴ということになる。

パワーアニマルは飼い慣らされていない野性的な人の側面、つまり従うボスを持たず、するべきことのリストに縛られず、風のように自由な側面の象徴だ。パワーアニマルは人の拘束されない側面、現代世界に打ちのめされていない部分を象徴する。

フランスやスペインには、古代人のアーティストが描いたクマ、バイソン、狼その他の動物の壁画が見られる洞窟がある。こうした動物の気高さ、パワー、威厳と美は、強烈に伝わってくる。フランス・アリエージュ地方のレ・トロワ・フレールの洞窟にある「魔法使い」の壁画は、半人半牛の神秘的な様相で、シャーマンを描いたものとみられている。半人半獣という生き物は、すべての動物と人の親密な関係を示している。

石器時代の人類にとって、動物は聖なる存在だった。今日の西欧では、ペットのみが神聖視され、スーパーに送られる前はとても酷い環境で育てられ、屠殺場で屠殺されてからラップに包まれた動物の肉が食べられている。しかし、人類には動物との関係に関する集合的記憶があり、それはネイティブ・アメリカンの文化に見られる。狼、クマ、ガラガラヘビといった動物を家紋とした氏族制度が、人間関係の基盤になっているのだ。しかしこうした部族社会以外では、現代人はもっぱら、母なる大地や季節、生き物とは切り離され、どんなパワーアニマルとの関係も持っていない。

ほとんどの人は、自分の住む地域や国のシンボルとなっている動物の名前すら知らないだろう。米国では各州がシンボルの動物を決めている。カリフォルニア州はハイイログマで、コロラド州は大角羊だ。同様に、国にもその象徴となる動物がある。フランスは鶏で、ロシアはクマ、中国はパンダ。ワシを象徴とする国は少なくとも8か国以上で、米国もワシが国のシンボルだ。

パワーアニマルとつながれば、その自然の魂の精神性とつながることになる。ビジョン・クエストの最中には、パワーアニマルを招き入れ、進むべき道を教えてもらうのだ。それにはただ、祈りとして自分の意図を伝えるだけでよい。

たとえば、「グレート・スピリット、すべての創造主。私の人生の今この時に必要な叡智と強さをもたらしてくれる、あなたの創った生き物を遣わせていただけますように」と祈ればよいのだ。

最初に聖なる動物に出会ったときには、なぜその動物が来たのか見当もつかないかもしれない。しかしそのパワーアニマルが「グレート・スピリット」の遣いで、あなたが進むための次のステップを導いてくれるために来たガイドであることを思い出し、受け入れればよい。パワーアニマルはあなたの守護者であり先生なのだ。

サリーはビジョン・クエストから、自分のパワーアニマルとして狼を連れ帰った。それは彼女が、餌食にされると最も恐れていた動物だ。彼女にとって狼は何を象徴するのかと尋ねると、「群れに属することを教えに来てくれたように感じた」と言った。狼の行動範囲は広く1匹で旅するが、常に配偶者のいる巣に戻ってくる。そして狼にとって結婚は生涯続くもので、少なくとも他の相手とは浮気しない。それこそサリーが自分にふさわしい相手を見つけた暁には学びたい側面だった。

サミュエルはビジョン・クエスト中に、夢でリスに出会った。ドングリをくれたと思ったら、すぐに奪い返し、その過程でサムは顔をひっかかれた。しばらくの間、その夢の意味は彼にも私にも謎だったが、私はそのパワーアニマルと対話するようサミュエルに言った。

パワーアニマルとの対話の仕方はいくつかある。この場合には、白紙の紙の真ん中に縦の線を引き、左側に自分の名前を書き、右側にパワーアニマルの線描画を描くようにと指示をした。

この方法では、まずパワーアニマルに「君は誰なの?」と聞くことから始める。そして耳を澄まし、返ってきた答えを書き留める。サミュエルのリスが来た理由は明快で、「物を溜め込むな」と教えるためだった。

リスはまず「長い冬をやり過ごすためにいくつのドングリが必要かを正確に認識しており、溜めれば溜めるほど安心というわけではないことを知っている」と言った。サミュエルには、リスが語っているのは彼の体重のことだとわかった。決して来ない冬のために、せっせと脂肪を溜め込む必要はないのだと。

次に彼は、自分の溜め込み癖が三世代前から受け継がれたものだったのをビジョンで見た。彼の祖先はユダヤ人として迫害され、自分の財産や所持品をすべて奪われ、自分の国を追われていたのだ。リスはサミュエルに、物のない時に備えて食べ物を溜め込むよりは、木々の間で枝から枝に跳んだり、もっと自然の中で時間を過ごすようにと彼に教えた。

ビジョン・クエストでパワーアニマルに出会えば、その動物が象徴する資質を自分の人生に招き入れることになる。その動物を通じて、あなたは自分の新たな側面を探訪するのだ。

その動物になったように想像することで、パワーアニマルとの関係は構築できる。ジャガーの目で物を見たり、ガゼルのように優雅に跳んだり、またはヨガや武術で動物の名前のついたポーズを実践することもできる。ヨガには猫、ラクダ、コブラ、ライオンや下向きの犬のポーズなどがあるし、太極拳には「戻ってくる鳥」「日暮れ時の木々」「尾を振る龍」「空を駆ける天馬」といった想像を膨らませる名前の動きがある。また、カンフーにはトラ、ヒョウ、鶴、ヘビ、ドラゴンの五つのスタイルがある。

できるかぎりパワーアニマルと対話するのだ。どうしたらより優しく大地を歩けるか、人間の目には明らかではないものの見方を教えてくれるだろう。動物的な勘も目覚め、それはどんな状況にも役に立つ。人間の原始的で他者を餌食としようとする自分優先の本能ではなく、他の種族を思いやる心を育て、すべての自然とのバランスと調和を保って生きるための本能だ。

人生を一変させる体験

ビジョン・クエストはあなたの人生に恒久的な変化をもたらすかもしれない。空腹感がおさまったときに感じた、自分の光り輝く本質への強烈な目覚めを忘れることは不可能なのだ。人によっては「悟り」とも「生まれ変わり体験」とも呼ぶ、より高次な認識への目覚めにより、目に見える世界と見えない世界を隔てるベールの幕が開く。たちまち「グレート・スピリット」、つまりすべての創造と自分が一体であることにあなたは気づくだろう。

ビジョン・クエストには決心と、ある程度の肉体的・感情的な不快を経験することへの覚悟も必要だ。しかし、ビジョン・クエストはあなたの変貌を導くパワフルな方法で、あなたの個人的な革命を一気にスタートさせる手段になってくれる。

3日間で行う「ビジョン・クエスト」の方法

ワン・スピリット・メディスンを受け入れるための最後のステップが、ひとりで行うビジョン・クエストだ。伝統的には自然の中で行われてきた。「グレート・スピリット」の存在に気づき、創造のすべてと自分が一体であることを認識するためのこの修業の中心は、「断食と瞑想」だ。

ビジョン・クエストに行く前の少なくとも3か月間は、4章で説明したように、一日18時間は糖類を摂取しない食生活を続けることが必須だ。グルコースではなく脂肪をエネルギー源とする、ケトーシス状態に切り替えるスイッチの入れ方をからだに覚えさせる必要があるからだ。そうでないと、3日の間、空腹に悩まされ、ビジョン・クエストのヒーリング効果を得られない。

3日間のビジョン・クエストを成功させるための条件は次の通りだ。

＊＊＊＊＊

場所：ビジョン・クエストにふさわしい場所を見つける方法として、自然の隠れ場所をジャガーに案内してもらうことを想像するとよい。あちこち嗅ぎまわり、ちょっと休んでは移動する犬とは異なり、猫族は横たわるべきところを察知する感覚に長けている。あなたの想像の中で、ジャガーが正しい場所に連れて行ってくれるだろう。美しく安全で、狩人に邪魔されない程度に隠れた場所を選ぶ。

大自然の中に行きたくなければ、家の近くや街中でもビジョン・クエストはできる。サミュエルやジョージを参考にすれば、ふさわしい場所はわかるだろう。

装備：寝袋やパッド、場合によってはテントを持っていってもよい。夢や浮かんできた強い感情などを記録しておけるよう、筆記具とメモ帳か日誌も持っていく。コンピューターやその他の電子機器と本は持参してはならない。

携帯電話は持参してもよいが、緊急時にしか使用してはならない。家族や友達には、必ず自分がいる正確な場所を知らせておく（公園など公共の場所では、公園管理人など）。心配なら一日1回、できるなら夜に、邪魔にならないように安全の確認に来てもらってもよい。

セッティング：ビジョン・クエストをする場所に着いたら、テントの周囲に直径6mの円を描く。茂みの中に用を足しに行く以外は、3日の間、その円内に留まる（用足し用にビニール袋も持参する）。

断食：ビジョン・クエストで重要なのが断食だ。からだをケトーシスの状態にするだけでなく、オートファジーが働いている間に細胞をデトックスし脳の幹細胞のスイッチを入れるためだ。

おなかが空き、胃はグルグル音を立て始めるだろう。実際の胃より頭の中でそのグルグルはより大きな音に聞こえる。大脳辺縁系がグルコースに富んだ食べ物を懐かしがり、食事を抜いたら死んでしまうと思うからだ。グルグルという音が聞こえたら、自分のワイルドな頭を観察するチャンスにしよう。

断食の1日めには空腹感だけではなく、感情も不安定になり、エネルギーがあまり感じられず苛立ちやすくなる。不快感のほとんどは、デトックスの影響だ。断食を始めてから24時間で、人のからだは肝臓に貯蔵されていたすべてのグリコーゲンを燃焼し、心臓を含む筋肉からタンパク質を燃焼し始める。その後にケトーシスの状態になり、脂肪を燃焼し始める。そうなると空腹感がなくなるのでわかる。

健康な人にとっては3日間の断食は安全だが、懸念がある場合にはビジョン・クエストの準備を始める前に医師やカウンセラーに相談してほしい。糖尿病または薬を飲んでいる人や急性の病気の人は、医師の許可なくビジョン・クエストを行ってはならない。医師の監督のもと、安全に断食できる施設もある。たとえば、チリのロス・ロボスには私たちが運営する『センター・フォー・エネルギー・メディスン』があるし、米国アリゾナ州パタゴニアにはガブリエル・カウセン医博の『ツリー・オブ・ライフ・センター』がある。

ビジョン・クエスト中には、自分のからだの声によく耳を傾け、そのガイダンスに従う。気分がとても悪くなったり、血糖値が危険なほど低下した場合は断食は中止する。私は緊急事態に備え、いつもチョコレートやナッツといった非常食を車に置いてある。数十メートル先にチョコレートがあると思うと断食はしにくいが、その想いを瞑想に変えれば、自分の大脳辺縁系が生み出す狂気を観察するチャンスにできる。

水：水分は充分に摂り続けなければならない。一日最低4ℓは飲むべきだから、充分に持参する。乾燥した地域でビジョン・クエストする場合には、一日6ℓ近く飲む必要がある。1時間に1回尿が出るようにする。それだけ頻繁に尿が出なければ、充分に水分が補給できていないことになる。

退屈：退屈するだろう。退屈したら、目指すべき意識の状態に近づいていると思えばよい。退屈と落ち着きのなさは、大脳辺縁系が注意を引きつけようとしている印だ。これも過程の一部だと思い、退屈したままでいよう。空腹感と同じでやがては消える。

時間：時計は家に置いてこよう。時間をチェックしても時間は速く経つわけではなく、時のない世界に足を踏み入れようとしているのだから。自分の内なる時計は太陽や星々に合わせよう。

瞑想：日中は、11章で紹介した「私は私の息」のエクササイズをしてもよい。夜は火やキャンドルを灯すなら、9章で行ったように古くなった自分の役柄やアイデンティティを燃やす儀式をしてもよいが、周囲の草木に飛び火しないように気をつける。そしてその場を立ち去る前には、完全に火が消えたことを確認する。

祈り：ビジョン・クエストの最中には自分の周囲の美と自分の呼吸の一つひとつに感謝し、祈る。空腹感や、夜に襲いに来るに違いない狼たちにも感謝しよう。頭ではなく心で祈る練習をする。

ビジョン・クエストを終える：3日めの日暮れ前にビジョン・クエストを終えるよう計画する。その場を立ち去る前に、必ずゴミを拾い持ち帰る。来た時かそれ以上にその場をきれいにして立ち去る。自分がいた痕跡は残さないようにするのがエチケットだ。

エピローグ　ワン・スピリット・メディスンから始まる未来

我々は探検をやめるべきではない――
そして我々の探検の最後には――
始めた場所に戻るだろう――
そして初めて、その場所を理解するのだ
――T・S・エリオット

仏陀になったシッダールタは、多くの試練を経なければならなかった。菩提樹の木の下に座った途端に、武器を手にした死神の悪魔マラとその兵隊に囲まれた。伝説によれば、すべての守護神は恐れおののき逃げたが、シッダールタは微動だにしなかった。悪魔に雷を落とされ火のついた矢を放たれたが、それはシッダールタの足元に落ちると花に変わった。ついに未来の仏陀は右の手を地に触れて、そこが自分の場所だと宣言した。すると、大地の女神自身が姿を現し、彼の輝く証人となり、神々しい叫びで女神は悪魔神を追い払った。

伝説によれば、悟りへと導かれる長い夜に、仏陀は三つの贈り物を受け取った。すべてが見渡せる神の目と自分のすべての過去世の知識、カルマの意味と因果応報の連鎖とそこからの解放、そして存在の基本原則である四つの尊い真理（四聖諦）だ。

仏陀は、そうした教えは人類にはまだ理解できないと考え、自分だけの秘密にしようかとも考えたが、ブラフマーは、発見したことは人類や神々と分かち合うよう説得した。

では、私たちはワン・スピリット・メディスンを受け入れたあと、どうすればよいのだろう。

仏陀のように世界に出て、自分の学んだことを教えるのか？　アルジュナのように人生を苦悩から救えないことに絶望して、闘いから身を引こうとするのだろうか？　または、神話学者ジョーゼフ・キャンベルの言うとおりだろうか。

私たちの大半と同じように、自分について、正当化されない偽りのイメージをでっちあげることもある。自分はこの世で例外的な人間で、他の人たちほど罪深くはないし、それに自分は善人なので、避けがたい罪を犯しても正当化される、と。このような独り善がりの考え方をすると、自分についても、人類と宇宙の双方の性質についても、誤解することになる。（文献1）

この本で紹介した神話や現実の逸話のヒーローやヒロインは、私たちの目標が「グレート・スピリット」と呼ぶ宇宙の基本理念との関係を築くことであることを思い出させてくれる。その理念に従い、私たちは自分の人生や健康、私たちの叡智が求められる人類としての在り方のほころびを直し始めることができるのだ。

世界を癒す

では、私たちはどのようにワン・スピリット・メディスンの贈り物を世界にもたらせばよいのか？政治、経済、社会、環境、あらゆる局面で世界は騒がしくなっている。21世紀の最初の10年は、記録史上最も暑かった。２００７年に、気候の専門学者は大気中の二酸化炭素の量を３５０ＰＰＭ以下に抑制しないと、取り返しはつかないことになると警告した。しかし、２０１４年までに、すでに４４０ＰＰＭを越え、増加率が低下する兆しはない。生物学者は動物や植物の種族の絶滅は温室効果ガスの排出と直接関係しているとし、地球上の生物は大量絶滅の危機にあると警告している。地球に生命が誕生してから大量絶滅が起きたのは、35億年の間でたった5回だ。私たちは今、6度目の壊滅的な事態に直面しているのだ。

古いパラダイムや信条に縛られた状態だと、私たち個人には鯨や地球や人類を救う力はないと考えてしまう。それは事実で、誰ひとりとして、ひとりではテロを止めたり地球上のすべての毒素をなくしたり、北極の氷山が溶けるのを止めたり経済危機を未然に防ぐことはできない。

しかし、サバイバルを脅かす病を癒すことなら私たちにもできる。内なる男性性を癒し、衝突を解決する方法として戦うことを諦めるのだ。そして、内なる女性性を癒して、地球の守り手になるのだ。ワン・スピリット・メディスンから何ひとつ学ばなかったとしても、「グレート・スピリット」やお互いと共に、私たちが世界を創り続けていることは学んだはずだ。そして、常に創造の質を高めることはできるのだ。

それが大気中の汚染物質であれ、水汚染であれ、食品公害であれ、または不健康な考え方や信条による精神的な毒素であれ、ワン・スピリット・メディスンは私たちが晒《さら》された毒素を排出するからだの力を高めてくれる。ワン・スピリット・メディスンにより、脳をアップグレードする潜在能力を刺激し、健康増進への意識をサポートすることもできる。そして、自分を助けることで地球も助けられるというボーナスもある。毒素や、敵か味方かといった信条を捨てることで、誰もが共に地球で生きられる、持続可能な生き方を共に創造していける。そうしなければ、人間も絶滅鳥類ドードーの二の舞いになる危険は高い。

西欧では、悟りの追究は主に個人的な希求で、個人にとっての神秘的な冒険だ。しかし、ワン・スピリット・メディスンには、社会的・政治的な側面もあるのだ。自分の脳を癒し、全人生を健康に過ごせるようにできれば、悟りがひらけた視点で自分の地域社会に目を向け、大地を守り水源を浄化し、平和な関係づくりの仲介役になれる。

ラコタ・スー族の言葉に「ミタケ・オヤシン」という言葉がある。「私が関わるすべて」という意味で、私たちは親戚で運命共同体という意味だ。回復は双方向性であり、自分を癒せば世界も癒せる。世界を癒せば自分も癒せる。いったん自分自身と地球とすべての生物の健康を改善する努力を誓えば、「グレート・スピリット」が背後でその努力を応援してくれる。

内なる調和

世界の平和と調和はあなたの内なる世界から始まる。あなたの腸も独自の世界で、極めて複雑な生態系だ。

からだは自分自身のＤＮＡ細胞の10倍もの微生物のＤＮＡのホストだから、自分の体内の微生物と調和しながら生きることとは、サバイバルにとって極めて重要なのだ。持続可能な健康とは、単にサバイバルするだけではなく、あなたの体内のすべての細菌とウイルスが、その他の細胞と共に繁栄する方法を学ぶことなのだ。からだはあなたにとっての地球、あなたの生命が休む大地だ。有害な薬剤を流し込むのは近視眼的な行為だ。現代人は、抗生物質や除菌クリーナーを使いすぎたために、今では致死の細菌の蔓延の危険に直面している。賢い微生物が薬剤に対する抵抗力をつけられるように変異したからだ。

あなたの健康も地球の健康も、すべての生物との新たな関係をどう構築できるかにかかっている。その中には、あなたの体内の微生物や、細胞内のミトコンドリアも含まれるのだ。病気と闘うのをやめ、内なるバランスと平和を見いだしたら、その救命の叡智を他人にもシェアし始めることができるだろう。

守り手から夢を実現させる人になる

歴史を振り返ってみると、アブラハムを起源とする宗教であるキリスト教、ユダヤ教、イスラム教では、人は自然より上の存在だとされてきた。この考え方では、私たちの大地の故郷は、永遠なる生命が至福に至る途中の停留所でしかない。地球やそのすべての生き物の世話は人間の責任ではないとして、偶然に任されてきた。しかし科学者たちによれば、地球のケアに責任をもつことは人類にとって火急の課題だ。地球に負荷をかけすぎているのは人類で、地球を守れるのも人類で、これまで次世代に先送りにしてきた難しい政治的・経済的選択が必要だという見方に、ほとんどの人は同感だろう。

シャーマニズムが暮らしの一部となっている先住民の社会で長年暮らしてきた私は、彼らの世界観が西欧の科学的パラダイムや西欧の宗教観とは大きく異なることをよく認識している。先住民は地球の福祉を最優先視する。人間も人間以外の地球上の生き物も、平等に健全でなければならないのだ。先住民の人たちは、地球に関しても、遠くの神様が与えてくれた仮住まいとは思っていない。母なる地球そのものが私たちの永久の住処《すみか》で、人が何度も生まれ変わってくる場所だと考えているから、彼らにとって地球の世話をすることは人間の義務なのだ。

クリシュナはアルジュナにこう言った。

人が着古した服を捨て、新しい服を着るように、からだをもつ自己が着古したからだを捨てて新しいほかのからだに宿っても……
武器はそれを切れず、火はそれを燃やせず、水はそれを濡らせず、風はそれを枯らせない……
この自己は切られたり、燃やされたり、濡れたり、枯れることはない……
永遠の、すべてがひらけ、不変、不動の自己は永遠に同じだ。（文献2）

地球こそが、「グレート・スピリット」の領域を長く旅した末に人間が獲得できる天国であり、だからこそ私たちはそのエデンの園の世話をしなければならないのだと、シャーマンは私たちに教えてくれる。そうでなければ、最も欲深い子供たちを支えながらでは持続できないと、地球が判断するかもしれない。

最も欲深い人間が自分たちのためにほとんどの資源を利用して、そのせいで罪なき他の生き物を危険にさらしている。地球の癒しと生存のためには、子孫を失わずには地球が回復できないほど私たちが地球に打撃を与えてしまう前に、新しい夢を描きそれを実現させることが、今必要なのだ。

私は中世の大聖堂が大好きなので、パリのノートルダム寺院で壮麗なステンドグラスに魅了されながら、何時間も祈ったことがある。しかし、そうした宗教施設が周囲の生態系にはほとんど注意を払っていないことには、いつも驚かされる。教会や寺院の多くは美しい風景に囲まれてはいるが、人が神聖な存在を周囲の草木ではなく、祭壇に見いだすように建てられているのは明らかだ。しかし、実際には動物や植物、鉱物などすべてが神霊な創造物なのだから、むしろシャーマンのような見方でそうした神聖な存在を認識する必要がある。

私たちは地球をどしどし歩くが、古代人の歩みはもっと優しかった。もちろん人口もずっと少なく、ほんの幼稚なテクノロジーしかなかったこともある。文明の進歩は地球の資源を犠牲にしてきた。私たちは廃棄物を急増させ、生物分解性のゴミにさえ、地球の生態系の中で分解されリサイクルされる充分な時間を与えていないために、生物化学的に地球を変えてしまったのだ。

進化を選ぶ

現代人の破壊力は大きな脅威だが、希望の兆しもある。インフラにしろ、政府、経済、医療、社会福祉にしろ、修復しようのないほど壊れた古いやり方を捨て、新しいかたちを創り出そうという動きが世界中で起きている。社会組織は新たなニーズに適応しようとしており、それは私たちのからだや脳も同様だ。

適応とは、環境により適合するために個人や団体が行う短期的な変化のことだ。ストレス過剰で地球が危機状態にある現在のような時には、私たちは病気になるか、または急速な変化に応じて変わり繁栄し、極めて健康になるかのどちらかだ。適応とは異なり、進化とは種族が生き残るための長期的な遺伝子的な変化で、氷山の動きほどのゆったりとしたスピードで進む。

しかし今、人類が生理学的に急速に進化しようとしている証拠がある。過去2万年の間、人類の脳は着実に小さくなり続け、容積でいえば10％ほどにあたるテニスボール大のニューロンの塊を失った（文献3）。進化の過程でみれば、これは劇的な変化で、種族が絶滅に瀕したときに起こることで知られている進化の跳躍、種族の一部の進化の分化だ。

私たちは進化の過程の境界線にいるのだ。過去には、人類はライバルの動物や、ネアンデルタール人の場合には親戚種族の人間を殺すことで生き延びてきた。そして、多くの毛皮をもつ動物、ヒレをもつ魚、羽をもつ種族をすでに絶滅させたか、させかかっている。新たな進化への跳躍で、私たちは種族としては生き残ることを許されるかもしれないが、古びた専制君主の脳が考え出す方法では跳躍はできない。

私たちの内部では生物学的な生き残り本能が沸き立っているのかもしれないが、暴力に頼るのはやめ、意識的な進化を目指したほうがサバイバルは確実になる。

経済、政治、社会の変化と環境の危機に直面している私たちは、肉体的、感情的、そしてスピリチュアルな面でも進化する必要に迫られている。ワン・スピリット・メディスンを受け入れれば、その進化を導く意識が得られるようになるのだ。

今までとは異なる脳

ジャングルは騒々しい場所だが、インターネットやソーシャルメディアといった仮想の世界も同様に騒々しい。未来がその仮想世界に適合し、仮想のジャングルをマイホームとし、どのツイートに耳を傾け無視するかを理解した人々のものになることには間違いないだろう。

今から成人する世代は、完全なネット社会で育ってきた。デジタル・スクリーンをタップできるようになった時から、コミュニケーションにはテクノロジーを使ってきた。今では、世界から貧困を減らす努力を支援するにしても、土曜日の夜の計画を友だちと練るにも、メール、携帯電話、インターネット・コミュニティやソーシャルメディアがお互いと連絡をとりあう主な手段だ。ジャガーが目に見える世界と見えない世界を自由に行き来するように、今ではどんな世代でも、仮想世界と感覚の世界の間を自由に行き来できることが求められている。

私がこの原稿を書いている時点で、最も人気のあるオンラインゲームは『マインクラフト』だ。この仮想世界では、プレイヤーはドリーマーとクリエイターだ。彼らは協力して仮想の要素を集めて、仮想世界で自分の食料、着るもの、住む場所を確保しながら、新たな世界を想像し、創造していく。

神秘家が行ったり来たりする目に見えない世界のように、『マインクラフト』のプレイヤーは薄いベールで分けられたいくつもの仮想の世界に生きている。その世界のひとつはサバイバルの世界で、資源は枯渇し、ゾンビに殺されるかもしれない世界だ。

一方、クリエイティブという世界では誰も死なない。天敵はいるが、常に資源が豊富だから、プレイヤーを襲いはしない。しかし、プレイヤーはクリエイティブの世界だけでは面白くないと言う。退屈すぎるから、天敵に挑戦されるためにプレイヤーが一致団結しなければならない世界のほうがよいというのだ。

多くのプレイヤーは、たとえそこではサバイバルしなければならなくても、『マインクラフト』の仮想世界が、感覚をもった現実世界よりもお気に入りのようだ。物質世界での暮らしでは消耗したり疎外感を感じるが、『マインクラフト』では夢を実現するための秘密を知ることができるからかもしれない。

仮想世界、特にゲームの世界には暗い側面もある。しかし、サイバースペースはコミュニティ、創造力、コラボレーションを体験できる世界でもある。これらはワン・スピリット・メディスンにも共通する永遠の価値観だ。

現実世界での実体験は最小限に留め、自分の意識をクラウドにアップロードして、自分たちが創る世界、地球レベルの『マインクラフト』の世界で人生の大半を過ごすようになる日は遠くないのかもしれない。しかし、そうなっても地球が私たちの故郷であることには変わりはなく、私たちはその守り手である必要がある。

混沌から創造が始まる

シャーマンは、ずっと昔に目に見えない世界で、創造の青写真がつくられたと信じている。今日、ゲームのプレイヤーが仮想世界を創り出すように、新たな夢を見てそれを実現できる地球の守護神の手により、混沌が秩序に変えられ宇宙になったのだ。私たちの地球は、氷結から沸騰までの帯域に留めた安定した気温をもち、生命を持続させるのに完璧な状態が夢として描かれ、それが現実化したものだ。地球の生命が原始のスープから始まったように、今再び、私たちは創造の可能性を秘めた原始のスープの中にいる。ワン・スピリット・メディスンが創造の全体像を見せてくれた。その視野で、私たちは混沌から秩序と美を生み出すのだ。

癒しも、秩序のひとつのかたちだ。より優れた秩序と調和をからだにもたらせば、病気は消え去り、からだの健康は回復する。健康になる条件を創り出せば、病気は消え去る。大脳辺縁系は不確実性に抵抗するようにできているが、混沌こそが進化の跳躍の引き金となる刺激剤だ。「壊れていなければ直すな」というのは、古くなった考え方だ。ワン・スピリットの気づきを経た人なら、壊れていなければ壊して、古いものからは引き出せない新たなかたちを出現させる必要があると考えられるようになる。

現代の脳科学の最大の発見のひとつは、神経可塑性《かそせい》だ。それは変化に対応するために脳がもつ能力で、人の脳は体験や環境の必要に反応して新たな神経回路を形成できるのだ。

もうひとつの発見は、遺伝子の発現を変える「エピジェネティクス」だ。3章「専制君主を失脚させる」でも示したように、競争と恐れではなく、協力と歓びにむけて脳を配線し直すことができるのだ。また、5章「スーパーフード&スーパーサプリ」からも、あなたは植物栄養素に富んだ食生活により腸の微生物のバランスを整え、健康を増進させ、頭をすっきりさせ、遺伝子の発現にも影響を与えられることを学んだ。

この人生で、あなたは新しいからだを実際に得ることができるのだ。それは『バガヴァッド・ギーター』で語られていた「新しい服」だ。

神経可塑性とエピジェネティクスは、祖先の病気に悩まされ続けたり、祖先の信条に永遠に縛られる必要はないことを私たちに示している。決して可能だと思わなかった健康状態や精神的鋭さ、想像もしなかった叡智を手にすることができるのだ。そして、安らかな心が得られる。

内なる安らぎは人間の最も根本的な希求かもしれない。自分の心を穏やかにしてくれることを求めて、禅宗の師である達磨《だるま》のところにきた人の有名な逸話がある。

達磨はその男に「ではあなたの魂を持っていらっしゃい。私が穏やかにしてあげましょう」と言った。

「そこが問題なのです」と男は言った。

「何年も自分の魂を探し続けているのですが、見つけられないのです」

そう男が言った途端に、達磨は宣言した。
「あなたの希望は叶いました」
男は納得し、平安な心で帰っていった。

この男が理解したのは、私たちの存在に関する根本的な真理だ。魂は、からだから切り離せるものではない。言い換えれば、存在のすべてが「ワン・スピリット」だということだ。どこかで見つけられるものではないのだ。ジョーゼフ・キャンベルはこう言った。

自分の中に「永遠なるもの」があるというだけでなく、自分を含めて万物の真の姿が実は「永遠なるもの」であると知る人は、願望が成就する森に住み、不死の飲み物を飲み、永遠の協和音から成る耳には聞こえない音楽をどこにいても聞いている。（文献4）

これこそが、ワン・スピリット・メディスンの約束と至福だ。

謝　辞

私が正気を失いかけたと感じた時に、私の脳を修復してくれたデビッド・パールマッター医博に感謝します。マーク・ハイマン医博は西欧医学に見放された私が自分のからだを癒し、健康を極める大きな助けとなってくれました。アンデスの高山に住むシャーマンである私の師は私の魂を癒し、死を超える旅路と健康増進への道を示してくれました。こうしたメディスン・マンとメディスン・ウーマンの長老たちが、ワン・スピリット・メディスンの原則と、永遠の味を私に教えてくれました。

ヘイハウス出版のパトリシア・ギフトさんは、著者の私にとって最高の味方になり、私を支えてくれました。編集者のサリー・ムーンさんとジョアン・オリバーさんは、まさに天の助けでした。

私は深遠なる感謝を妻のマルセラ・ロボスにも捧げます。彼女はとても優れたメディスン・ウーマンで、私の心を癒し、私がこの本を執筆する間も忍耐強く私を愛してくれました。

訳者あとがき

確かもう20年以上前になるが、アルベルト・ビロルド博士の「インカの死の儀式」に参加したことがある。アメリカで代替医療への関心が急激に高まっていた頃のことで、西欧式の現代医学とは異なる様々なセラピーを検証する学会誌の主催で、セラピストや研究者が集う大規模な会議がニューヨークのホテルで開催された。そこで、ビロルド博士が「インカの死の儀式」を紹介したのだ。

「インカの死の儀式」は、本書でも触れられているように、死の恐れを克服するための体験としてアンデス地方で伝えられてきた伝統儀式だ。死を疑似体験する人は仰向けに横たわり目を閉じる。その周囲を囲んだ「死の介添人」が、その人のチャクラの上に手をかざし、時計の反対まわりに渦を描くようにして、人の魂を肉体につなぎ留めている光のエネルギー体のネジを緩めていく。すべてのチャクラのネジがはずれたら、浮き上がってきた見えない光のエネルギー体を下から支え浮かすようなつもりで一瞬、揃って広げた手を上に上げ、すぐに下げる。そして、今度は各チャクラの上で時計回りに円を描き、ネジを締め直して光のエネルギー体を肉体に戻す。私も体験したが、目を閉じて横たわっていると、ふぁっと一瞬、浮き上がったような、意識が体外離脱したような感覚があった。とても不思議で、人の正体について考えさせられる体験だった。

本書には、そのビロルド博士自身が病に倒れ、死の淵から生還した体験を経て得た学びが綴られている。シャーマニズムへの関心の有無にかかわらず、心身の健康と長寿を願う人にとって価値ある最新医学に基づいた実用情報が満載だ。

スピリチュアルな成長や超常的な能力の開発を求める人は、見えない世界を探求する「精神」修行には熱心だが、その一方では、肉体の健康管理には無頓着になりがちだ。そのためにからだを壊したり、精神のバランスを崩してしまうヒーラーや修行者も少なくない。ビロルド博士はその危険を実体験で再認識することになった。

本書で語られている「ワン・スピリット・メディスン」とは、孤立した存在のように思える自分も、実は時空を超えたすべての創造の一部であるという目覚め、気づきを得ることだ。そうした悟りはすべてを癒し、その後の人生を見事に開花させるメディスンになる。だが、自然とかけ離れてしまった現代人がこの強力な薬を得るには、まず、脳や内臓といった肉体面のデトックス、改善、補強が必要だとビロルド博士は力説する。

ビロルド博士が学者として蓄えた長年の知識や研究成果と、厳しい自然のなかでのシャーマン修行、さらに自らが重病を克服する過程で得た貴重な教訓を、読書で学べるのは幸運だと思う。最大限に活かしていただければ幸いだ。

エリコ・ロウ

3. Chogyam Trungpa, The Truth of Suffering and the Path of Liberation, ed. Judith L. Lief（Boston : Shambhala Publications, 2009）, 49
4. Dalai Lama, "10 Questions for the Dalai Lama," Time , June 14 2010 : http://content.time.com/time/magazine/article/0,9171,1993865,00.html

13章

1. Edwin A. M. Gale, "The Rise of Childhood Type 1 Diabetes in the 20th Century," Diabetes 51, no.12（December 2002）, 3353-3361
2. Dean Ornish et al., "Changes in Prostate Gene Expression in Men Undergoing an Intensive Nutrition and Lifestyle Intervention," Proceedings of the National Academy of Sciences USA 105, no. 24（June 2008）: 8369-8374

エピローグ

1. ジョーゼフ・キャンベル 著／倉田真木・斎藤静代・関根光宏 訳『千の顔をもつ英雄 下［新訳版］』（早川書房／ 2015）P.79
2. Swami Nikhilananda, trans., The Bhagavad Gita（New York ; Ramakrishna Vivekananda Ceenter, 1944）, 77-78
3. "Are Shrinking Brains Making Us Smarter? " Discover News,（February 7 2011）: https://www.seeker.com/are-shrinking-brains-making-us-smarter-1765174820.html
4. ジョーゼフ・キャンベル『千の顔をもつ英雄 上［新訳版］』P.248

3. Daniel Kahneman , Thinking, Fast and Slow（New York: Farrar, Straus and Giroux, 2011）,11
4. “Gun Homicides and Gun Ownership by Country”, graphic for The Washington Post, December 17 2012 :
http://www.washingtonpost.com/wp-srv/special/nation/gun-homicides-ownership/table/
5. Peter Gray, Ph.D., “The Decline of Play and Rise in Children’s Mental Disorders,” Psychology Today, January 26 2010:
https://www.psychologytoday.com
“Any Mental Illness（AMI）among Adults,” “Majoy Depression among Adults,” “Any Anxiety Disorder among Adults,” National Institute of Mental Health :
https://www.nimh.nih.gov/index.shtml
6. Jean m. Twenge et al., “Birth Cohort Increases in Psychopathology among Young Americans, 1938-2007 : A Cross-Temporal Meta-analysis of the MMPI,” Clinical Psychology Review 30 , no.2（March 2010）, 152
7. William J. Broad, “Seeker, Doer, Giver, Ponderer,” The New York Times, July 7 2014, D1.

8 章

1. Carl Jung 著／Joseph Campbell 編『The Portable Jung』「The Concept of the Collective Unconscious」（New York: Viking Penguin, 1971）, 60

10 章

1. Rainer J. Klement and Ulrike Kämmerer, “Is there a Role for Carbohydrate Restriction in the Treatment and Prevention of Cancer?” Nutrition & Metabolism 8 , no.75（October 2011）:
https://nutritionandmetabolism.biomedcentral.com/articles/10.1186/1743-7075-8-75

11 章

1. Stephen Mitchell, Bhagavad Gita : A New Translation（New York : Three Rivers Press, 2002）, 95
2. Ibid., 21
3. Ibid., 88
4. Swami Nikhilananda, trans., The Bhagavad Gita（New York ; Ramakrishna Vivekananda Ceenter, 1944）, 285
5. Mitchell , Bhagavad Gita, 105

12 章

1. The Essential Rumi , trans. Coleman Barks with John Moyne（San Francisco : HarperSanFrancisco, 1995）, 30
2. “Nagara Sutta : The City,” Sutta Nipata 12:65, trans. Thanissaro Bhikkhu（1997）:
http://www.accesstoinsight.org/

25 2013)：
http://www.nytimes.com/2013/05/26/opinion/sunday/breeding-the-nutrition-out-of-our-food.html
3. Britta Harbaum et al., "Identification of Flavonoids and Hydroxycinnamic Acids in Pak Choi Varieties（Brassica campestris L. ssp. Chinensis var. communis）by HPLC-ESI-MSn and NMR and Their Quantification by HPLC-DAD." Journal of Agricultural and Food Chemistry 55, no.20（October 3,2007), 8251-8260
4. Haitao Luo at al., "Kaempferol Inhibits Angiogenesis and VEGF Expression Through Both HIF Dependent and Independent Pathways in Human Ovarian Cancer Cells," Nutrition and Cancer 61, no.4（2009), 554-563
5. Sally Fallon and Mary G. Eng, Ph.D., "Lacto-fermentation," for the Weston A. Price Foundation,（January 1 2000）：
https://www.westonaprice.org/health-topics/food-features/lacto-fermentation/
6. Martha Clare Morris, Sc.D., et al., "Consumption of Fish and N-3 Fatty Acids and Risk of Incident Alzheimer Disease," Archives of Neurology 60, no.7（July 2003), 940-946.
7. J.S.Buell, Ph.D., et al., "25-Hydroxyvitamin D, Dementia, and Cerebrovascular Pathology in Elders Receiving Home Services," Neurology 74, no.1（January 5 2010), 18-26
8. Michael F. Holick, M.D., Ph.D., "Vitamin D Deficiency," The New England Jounal of Medicine 357, no.3（July 19 2007), 266-281
9. Parris M. Kidd, Ph.D., "Glutathione: Systemic Protectant Against Oxidative and Free Radical Damage," Alternative Medicine Review 2, no.3（1997), 155-176.
10. Jeffrey D. Peterson et al., "Glutathione levels in Antigen-Presenting Cells Modulate Th1 Versus Th2 Response Patterns," Proceedings of the National Academy of Sciences USA 95, no.6（March 17 1998), 3071-3076

6章

1. John Neustadt and Steve R. Pieczenik, "Medication-Induced Mitochondrial Damage and Disease," Molecular Nutrition & Food Research 52, no.7（July 2008), 780
2. Reiner J. Klement and Ulrike Kämmerer, "Is there a role for carbohydrate restriction in the treatment and prevention of cancer?" Nutrition & Metabolism 8, no.75（October 2011):
https://nutritionandmetabolism.biomedcentral.com/articles/10.1186/1743-7075-8-75
3. George F. Cahill and Richard L. Veech, "Ketoacids? Good medicine?" Transactions of the American Clinical and Climatological Association 114（2003), 149-163

7章

1. ジル・ボルト・テイラー 著／竹内薫 訳『奇跡の脳——脳学者の脳が壊れたとき』（新潮社／2009）P.178
2. Douglas Dean and John Mihalasky , Executive ESP（Englewood Cliffs: Prentice Hall 1974）

【参考・引用文献】

イントロダクション

1. Saint John of the Cross, The Poems of St. John of the Cross（Chicago : University of Chicago Press, 1979）, 19
2. Stephen Mitchell, Bhagavad Gita : A New Translation（New York : Three Rivers Press, 2002）, 107
3. “Risk Factors, ” Alzheimer’s Association :
http://www.alz.org/alzheimers_disease_causes_risk_factors.asp
4. “FastStats: Obesity and Overweight,” Centers for Disease Control and Prevention（May 14 2014）:
https://www.cdc.gov/nchs/fastats/obesity-overweight.htm

3章

1. Vincent.J.Felitti , M.D., et al., “Relationship of Childhood Abuse and Household Dysfunction to Many of the Leading Causes of Death in Adults. The Adverse Childhood Experiences（ACE）study,” American Journal of Preventive Medicine 14, no. 4（May 1998）, 245-258

4章

1. “The Medicare Prescription Drug Benefit Fact Sheet,” Kaiser Family Foundation,（September 19 2014）: http://kff.org/
2. Chia-Yu Chang, Der-Shin Ke, and Jen-Yin Chen, “Essential Fatty Acids and Human Brain,” Acta Neurologica Taiwanica 18, no.4（December 2009）, 231-241
3. “Profiling Food Consumption in America,” chap.2 in Agriculture Fact Book, United States Department of Agriculture, 20 : http://www.usda.gov/
4. Owen Dyer, “Is Alzheimer’s Really Just Type Ⅲ Diabetes?” National Review of Medicine 2, no.21（December 15 2005）
5. Henry C. Lin, M.D., “Small Intestinal Bacterial Overgrowth : A Framework for Understanding Irritable Bowel Syndrome, ” The Journal of the American medical Association 292, no.7（August 18 2004）, 852-858
6. Els van Nood et al., “Duodenal Infusion of Donor Feces for Recurrent Clostridium difficile,” The New England Journal of Medicine 368, no.5（January 31 2013）, 407-415
7. Jess Gomez, “New Research Finds Routine Periodic Fasting is Good for Your Health, and Your Heart, ” Intermountain Healthcare,（April 3 2011）:
https://intermountainhealthcare.org/

5章

1. Hervé Vaucheret and Yves Chupeau, “Ingestesd Plant miRNAs Regulate Gene Expression in Animals,” Cell Research 22（2012）, 3-5
2. Jo Robinson, “Breeding the Nutrition Out of Our Food,” The New York Times,（May

アルベルト・ヴィロルド　Alberto Villoldo, PH.D

心理学者、医療人類文化学者であり、25年以上にわたりアマゾンとアンデスのシャーマンの療法を研究してきた。州立サンフランシスコ大学の非常勤教授時代には、生物学的自律研究所を設立し、脳と心因性の病気や健康の関係を研究した。そして、マインドで健康が増進できることを確信し、研究所を離れ、熱帯雨林に住むメディスン・マンとメディスン・ウーマンから伝統療法と神話を学ぶためにアマゾンに旅立った。

シャーマンのエネルギー・メディスンを実践する欧米の人々のための訓練機関『フォー・ウインド・ソサエティ』のディレクターであり、ニューヨーク、カリフォルニア、マイアミ、ドイツに分校をもつ『ライトボディ・スクール』の創立者でもある。またチリの『エネルギー・メディスン・センター』のディレクターとして、悟りの神経科学を研究、実践している。

『Shaman, Healer Sage』（Harmony）、『The Four Insights』『Courageous Dreaming』『Power Up Your Brain』（共に Hay House/ 邦訳未刊）などベストセラーの著作多数。

www.thefourwinds.com

エリコ・ロウ　Eriko Rowe

ジャーナリスト、ドキュメンタリー・プロデューサー、エネルギー・ヒーラー。米国シアトル在住。

取材や著作活動を通じ、欧米の最先端医療から先住民族の癒しまで、古今の医療の科学性を長年にわたり追求。世界の伝統療法や道家気功、エネルギー・ヒーリングや超能力開発法を実践でも学んできた。

著書に『死んだ後には続きがあるのか：臨死体験と意識の科学の最先端』『アメリカ・インディアンの書物よりも賢い言葉』（共に扶桑社）、『誰もが知りたい上手な死に方、死なせ方』（講談社）などがある。

ワン・スピリット・メディスン
～最新科学も実証！ 古えの叡智に学ぶ究極の健康法～

●

2017年9月22日　初版発行

著者／アルベルト・ヴィロルド
訳者／エリコ・ロウ

本文デザイン・DTP／山中 央
編集／澤田美希

発行者／今井博央希

発行所／株式会社ナチュラルスピリット
〒107-0062 東京都港区南青山5-1-10 南青山第一マンションズ602
TEL 03-6450-5938　FAX 03-6450-5978
E-mail　info@naturalspirit.co.jp
ホームページ　http://www.naturalspirit.co.jp/

印刷所／株式会社暁印刷

ISBN978-4-86451-250-3　C0011
落丁・乱丁の場合はお取り替えいたします。
定価はカバーに表示してあります。